动漫形象品牌代言效果的实验研究

何 苗◎著

ZHEJIANG UNIVERSITY PRESS
浙江大学出版社

浙江理工大学学术著作出版资金资助（2018年度）

桐花万里丹山路，雏凤清于老凤声

写在何苗《动漫形象品牌代言效果的实验研究》出版之际

1000 多年前，李商隐见到了当时只有 10 岁的少年诗人韩偓，感其才华，喜其前程，于是思如泉涌，幻化出遥远而美丽的丹山道——桐花遍野，从中传来雏凤清脆的鸣唱，与老凤和鸣，毫不逊色而更觉悦耳动人，于是写下了"桐花万里丹山路，雏凤清于老凤声"的著名诗句。

今天，当我捧读何苗这部书稿时，"桐花万里丹山路，雏凤清于老凤声"的千古名句，禁不住涌上心来。

时光闪回到 2011 年，7 年艰辛历历在目。受中国人民大学在新闻传播研究中率先引入认知神经科学创举的激励，浙江大学传媒与国际文化学院在几经彷徨、反复思量之后，终于正式决定，利用新建"985 新媒体实验室"的机会，建立认知神经传播实验室，其全称是"浙江大学 985 新媒体研究实验室（脑电、眼动、行为观测）"。

这个有点冲动的决定，从一开始就注定了这将是一场筚路蓝缕的苦难行军。没有设备，没有人才，缺少借鉴，一切从零开始，大家硬着头皮走上了一条看不清前景的道路。我们一面申报实验室建设方案，一面积累和消化文献。在我主讲的 2011—2012 学年秋的"数字娱乐与文化产业"博士课程中，团队研究出了一批认知神经传播效果的实验方案。现在还记得的有展宁的《眼动仪在广告效果中的应用分析》、何苗的《基于眼动分析的五大门户网站传播效果研究》、刘研的《游戏网站可用性与游戏测试》、周烨的《电视台商标传播效果排行实验设计方案》、诸葛达维的《央视春晚赞助广告的传播效果研究》，还有选修这门课的硕士生李晨曦的《动漫爱好者与非爱好者对动漫形象的色彩认知的区别》、陆丹初的《风景与风景加人物对于房地产平面广告品牌关注的影响》、姚靖雯的《基于眼动和 ERP 测试的禁烟类公益广告效果评估》等，这些都是在设备还没有完全到位的情况下，一边学习，一边反复打磨的方案。

以互联网通信、智能移动通信、大数据、人工智能、生命科学和认知神经科学为代表的新科技集群的兴起，正在为新闻传播学在内的人文社会科学的发展带来一次范式革命。新科技集群带来的最为根本的挑战和机遇，是关于人自身的再认知和重新定义，人们围绕人脑的思想、情感、想象和行为的生理基础展开深入探究，在当代科技条件下揭示其运作规律，这是人类认识自己绕不开的一道关隘。

长期以来，由于缺乏可靠的实验手段，人文社会科学对人类认知的研究手段大多局限于主观的观察、内省，以及建立在观察、内省基础上的文本分析、问卷、访谈等，其研究过程和结论都难免受到主观因素的影响。而且，这些研究大多集中在显意识层面，由于研究手段的限制，对潜意识因素的研究较为乏力，但恰恰潜意识因素对人们的情感、思想和行为有更重要的影响。

在此情形下，我们是否有足够的探索精神和创新勇气，抓住机遇，以实现到前沿、入主流、上层次的一次突破？这对处于传统人文社会科学边缘位置，受庇于兄弟学科的新闻传播学而言，的确是一个不小的考验。

那几年，从我这个导师开始，整个团队都处于恶补认知心理学的状态。读书、听课、校内外培训……那是一个白头教授重新进本科课堂受教育的有趣过程。在我们的团队记忆中，波兰人类思维与大脑应用研究中心（Human Mind and Brain-Applied Research Center，HMB）的拉法尔·欧姆（Rafal Ohme）来浙江大学主讲的系列培训课程，是一段让人大开眼界、充满新奇的经历。我们当初的一系列实验方案，就是想通过重复欧姆的实验来熟悉设备、掌握方法。

2013年，利用在美国访学的机会，我拜访了纽约大学神经科学中心主任保罗·格莱姆齐教授，他的《决策、不确定性和大脑：神经经济学》（*Decisions, Uncertainty, and the Brain: Tthe Science of Neuroeconomics*）一书，正是我们团队必读的重要著作之一。从交流中知道，这个已经在相关研究中赫赫有名的教授，其在15年前也像我的团队一样，始于一场没有设备、没有人才、缺少借鉴的苦难行军。这多少给了我和我的团队一些希望。

2013年11月，浙江大学新闻传播学专业的博士生出席了由"Tobii中国"在上海举办的"Tobii UX Direct 2013大会（用户体验研究大会）"。这次大会聚焦于认知神经科学在用户体验方面的研究议题，吸引了百度、亚马逊、腾讯、淘宝、联想、盛大、中粮等多家企业，发言嘉宾主要是来自各大高校的心理学和计算机专业的专家与学者，也有来自业界用户体验研究部门的技术工程师，而我们的博士生是唯一列席大会的文科专业演讲嘉宾。这是团队成员初次出席心理学与认知神经科学领域的会议，他们以传播为专业特色的研究报告，引起了理工科专业背景与会者的关注。

2014年6月，由浙江大学传媒与国际文化学院、浙江省传播与文化产业研究中心、印第安纳大学传播研究所联合举办的浙江省首届"传播与认知神经科学"工作坊顺利落幕。这次"传播与认知神经科学"工作坊以全英文的课程形式展开，时间从 5 月 29 日至 6 月 7 日，共 8 次课。其目的是在提高团队专业水准的同时，帮助中国的青年传播学学者了解这一学术前沿的情况。工作坊的主讲嘉宾是印第安纳大学传播研究所所长波特（罗伯特·F.波特）教授，我是在 2013 年夏天拜访他的实验室时认识他的。他在浙江大学讲授了两轮认知心理学与传播研究课程，为我们团队成员打下了扎实的理论和实践基础。

慢慢的，基于认知神经实验的传播研究开始收获成果。先是陆丹初的硕士论文起初饱受怀疑和批判，但最终却以较好成绩通过毕业答辩，为团队带来了希望；两年后，何苗的博士论文在外审专家和答辩委员会中得到一致好评，团队自信心基本建立；其后，诸葛达维的博士论文和相关论文发表；张纾舒的博士论文广受好评，且张纾舒的研究在毕业时还获得了国家社科基金支持，这简直就是为整个团队献上的礼花——致敬开拓者，感恩支持者，致谢陪跑者，呼唤后继者。

众所周知，通过语言等显意识行为表现出的心理内容只是人类心理的极少部分内容，而无意识或潜意识的活动占到了人类意识活动的 90% 以上。但现有的传播研究往往只能通过外在观察或问卷调查来获得数据，这种研究往往局限于对人们意识到的心理效果的评估，无法精确探查传播效果的潜意识模式及其效果，因而人的大脑活动至今对传播研究者而言仍然是"黑箱"。

信息与情感构成了传播效果的显意识要素。而无意识的要素既不能归结为理性，也难以归结为情感，却常常成为购买的真正驱动，这恰恰是商业广告传播的重要目的。在认知神经科学发展的启发下，传播研究者们希望借用认知神经实验的方式，通过电脑、眼动或皮肤电的测量，对受试者的潜意识加以描述，进而捕捉到这个"第三维"。认知神经科学的实验设备和手段，可以帮助研究者取得受试者神经学和生理学的数据，从而对传播效果的发生进行直观的、不受意识干扰的观察和描述。研究者们相信，这样的研究不依赖受试人有意识的回答，不依赖他们自己声称的有什么样的心理感受和心理生理反应，而是从其观看电视广告的过程中，无干扰地获得生理测试的连续数据，如脑电图（electroencephalography，EEG）分析、皮肤电（skin conductance responses，SCR）分析和肌电图（electromyography，EMG）分析，在国外的一些研究中，还大量使用了神经成像分析技术：正电子发射断层成像（positron emission tomography，PET）和功能性磁共振成像（functional magnetic resonance imaging，fMRI）。

起于 20 世纪 80 年代早期的事件相关电位（ERP），80 年代后期的 PET 和 90 年代的 fMRI 等技术，使研究者在人类历史上第一次能够直观地"看到"大脑的认知活动，即大脑在进行各种认知加工时的功能定位和动态过程。这不仅促进了认知神经科学的发展，也刺激了一大批新兴交叉学科的诞生。哈佛商学院的萨尔特曼（Gerald Zaltman）教授于 20 世纪 90 年代提出了隐喻抽取技术，基于大多数社会交流是非言语的，是以思想作为图像、以隐喻为认知中心这样的事实，把认知植根于亲身体验中，以求到达深层思维结构的探究。Ohme 结合脑电信号、眼动数据与生理数据，对平面媒体、视频媒体进行综合分析的方法，以其无创伤、免干扰、操作简便的特点得到广泛采用。未来在广告情感态度、歧视传播、暴力传播、报刊阅读规律、小屏阅读、跨文化传播等方面的研究，脑电技术（包括 ERP、EEG 等）将会有更大的前景。

对于文科生来说，脑电信号研究，尤其是 ERP 研究，相对眼动和皮电研究会更加令人望而生畏。在团队中，何苗因具有较好的心理学基础，勇敢承担起了主攻脑电研究的任务。她选择了动漫形象作为研究对象，这是新媒体创造虚拟现实的典型现象：动漫不仅为人们提供娱乐消遣，具有巨大的商业价值，而且也拓展了人类的精神园地。动漫形象代言与明星代言的传播效果，什么样的动漫形象才能更受消费者欢迎，动漫形象与特定国别、特定品牌的关系，动漫形象在跨文化的环境下的代言效果，是传播学、营销学、管理学等需要共同关注、解决的问题。

何苗从注意、情绪、行为和跨文化选择入手，结合客观测量与主观评价，运用实验研究的基本方法，设计以探测人们无意识加工为主的实验，对中外动漫形象代言的效果进行研究，进一步挖掘看似简单的动漫形象与品牌背后复杂的注意、情绪、内隐联想等心理机制，难度大、工作量也大。其研究方法对于当今的传播学而言，在许多方面都具有开拓性意义。

虽然认知神经科学出现的时间不长，应用于新闻传播研究的时间更短，但其已经显示了强大的生命力和良好的发展前景。中国的新闻传播学界一直在探寻新闻传播学中国化的路径，何苗的相关成果相继出现在《新闻与传播研究》等期刊及 Labex ICCA、Co-Sciences 等国际会议，有的还被《新华文摘》网络版全文转载，想想当时，能不欣喜？

与所有新生事物一样，何苗的研究也难免还有许多青涩和不足，但如同黎明前的细微亮光和初生婴儿的第一声啼哭，人们知道这样的青涩和不足包含着更多的希望。让我们把它放到 21 世纪新闻传播学界生机勃勃的成长历史进程中，去展望那个云蒸霞蔚的动人远景！

桐花万里丹山路，雏凤清于老凤声。

李思屈

前　言

　　数字化时代，虚拟与现实交织，人类社会发生了深刻变化。作为虚拟形象存在的动漫形象与品牌都是当代符号经济的重要内容，在人类社会占有重要位置。过去的研究从假设、问题和方法出发，对动漫形象代言的认知、情绪、脑机制都存在众多分歧。

　　以诺贝尔经济学奖获得者丹尼尔·卡尼曼（Daniel Kahneman）发现的"框架效应"为代表的研究证明，人类的行为和决策并非完全处于理性状态。过去单纯依靠问卷、访谈等研究方式不能完全真实地反映出人们决策时的自动加工过程和无意识状态。采用合理的实验研究范式，如情绪Stroop（斯特鲁普）、启动探测、内隐联想等，可以有效地反映出人们决策时的自动加工过程，弥补以往研究的不足。

　　本研究采用传播学、认知、情绪和脑电分析相结合的研究范式，使用情绪Stroop、启动探测、内隐联想等实验方法，设计了6组实验考察动漫形象品牌代言在吸引力、信誉度与跨文化意义传达上的效果。具体有：①动漫爱好者与非动漫爱好者对动漫形象与明星的认知和情绪反应。②动漫爱好者与非动漫爱好者对动漫形象与明星代言的好感度。③人们对动漫形象与明星代言的出价行为。④中国动漫形象代言不知名中外品牌的效果。⑤中国动漫形象代言知名中外品牌的效果。⑥中外品牌与中外动漫形象联合的外显与内隐态度。

本研究对推进和构建认知、情绪和脑机制相结合的研究范式下的动漫形象品牌代言效果的模型有重要理论意义，对今后动漫形象品牌代言的选择、评价具有较显著的实际应用价值，能引发在新的历史条件下人们对文化符号如何影响人类精神世界与物质世界的思考。

从结构上看，本研究共分为四个主要部分。第一部分即第一章，交代了研究的背景、相关研究述评、研究的问题与目的、研究方法、研究思路与基本内容；第二部分为第二章到第七章，用 6 个实验系统地考察动漫形象品牌代言在吸引力、信誉度与跨文化意义传达上的效果；第三部分为第八章到第十章，对 6 个实验进行综合讨论，得出了结论和进一步研究的方向；第四部分为参考文献与附录，附录包括全部实验的数据统计结果。

目　录

第九章　结论与进一步研究设想

第十章　认知神经科学与传播研究：路径、发展与未来方向

参考文献

附　录

致　谢

第一章　绪　论

第一节　研究背景

虚拟与现实的界限从未像今天这般模糊。有作家感叹："或许对这个年代的人来说，一切的不真实就是最真实的，因为我们已经司空见惯。"（秦珍子，2007）是的，电影院里 3D 版的"蓝精灵"与"疯狂原始人"在与林志玲、刘德华争夺荧屏，"初音未来"和蔡依林展开粉丝大战……植根于法国结构主义与后结构主义思潮，波德里亚（2009）提出了"仿真理论"，他认为西方文化的符号发展分三阶段，从文艺复兴到工业革命阶段是"仿造"（counterfeit），工业革命时代的主导范式是"生产"（production），当下社会是由符号控制历史的阶段，基本形式是"拟像"（simulacra）或"仿像"。数字浪潮真正席卷思想界时，也有哲学家发出不同声音："我们以前的哲学，从柏拉图、苏格拉底到尼采、海德格尔，从孔子、老子到现代哲学，都是现实性的哲学。在传统范围内，无论何种哲学，都是以现实世界作为出发点的，现实性是传统哲学繁荣之根。现在，虚拟性恰恰就是针对现实性而来的，这将预示着一场真正的哲学革命，是对传统哲学的根本的扬弃。"借用任平（2000）对传播研究的判断：跨入 21 世纪的传播学的一个必然选择是如何转换研究主题以适应数字化生存这一新的实践语境。

陈志良（2000）对虚拟做出过三种形式的划分：一是对象性的虚拟或现实性的虚拟；二是可能性或可能性空间的虚拟；三是对现实性而言不可能的可能性虚拟。动漫形象的存在是"对现实性而言不可能的可能性虚拟"的最好例证。

正因如此，动漫形象的价值受到各方关注。动漫形象不仅仅是为人们提供娱乐消遣的娱乐产品，它还有着商业生态的巨大延伸，这些长盛不衰的形象甚至还占领了我们精神家园的一块领地。动漫形象作为当代盛行的传播和娱乐方式，引起了我们对"娱乐"本质更深层的思考。如娱乐产业学家沃格尔（Harold L. Vogel）所言："娱乐不仅仅是消遣，它是如此普遍地令人关注经济，你会为之激动不已。娱乐的真正含义是这个词的拉丁词根'抓取'，它触动你的灵魂。"虚拟与现实交织又分离，动漫形象是人在虚拟与现实交织中生成的产物。在审美经济时代，动漫形象与品牌在互动传播中兴盛，成为人类符号化生存的重要内容。

美国《广告时代》杂志依据有效性、持久性、公认程度以及文化冲击力的标准评选出了 20 世纪最能产生市场强烈共鸣的十大品牌形象，其中包括在中国同样具有高知名度的万宝路牛仔、麦当劳叔叔、劲量兔子、米其林先生等形象。10 个品牌识别形象中无一例外，全都是卡通形象或具有鲜明卡通化特点的视觉形象（李平平，2004）。2000 年，《金融时报》与《商业报导》将米其林轮胎的标志形象"米其林先生"评为"本世纪最佳标志"（华英，2001）。跨越成人与儿童、跨越文化边界获得全世界人民喜爱的 Hello Kitty（凯蒂猫）形象，是世界上最具市场价值的卡通形象之一（Belson，2003）。如今，伴随中国动漫产业的兴起，"喜羊羊""灰太狼"等一批家喻户晓的动漫形象也成为商家宠儿和广告"明星"。中国知名的互联网企业淘宝、新浪、腾讯、搜狐等都拥有其独特的动漫形象代言人。动漫形象代言已成为许多知名企业与品牌凸显其产品、服务差异性的新选择，它们借助动漫形象提升了消费者对企业品牌形象的观感。

动漫形象与品牌传播有一些互动而生的规则，已成为传播学、管理学、营销学等多学科关注的议题。具体来说，动漫形象代言与明星代言的传播效果，什么样的动漫形象才能更受消费者欢迎，动漫形象与特定国别的品牌知名度的关系，动漫形象在跨文化环境下的代言效果，已成为传播学、营销学、管理学等共同关注的热点话题。人们通过对这一议题的考察，揭示了符号化生存、虚拟化生存的冰山一角。

已有的动漫形象研究大多基于传播学与心理学的研究路径。动漫形象是品牌传播的重要载体和组成部分，它集中并生动地展现品牌价值。一个好的动漫形象能为品牌本身带来明显的传播效应。目前，国内外对动漫形象的研究主要集中在动漫形象传播效果、动漫形象设计原则、动漫形象个性特质与品牌类型等方面。特别是对动漫形象传播效果的研究，汇聚了跨学科的研究思路，取得了较大的研究进展。然而，国内对结合产品和品牌自身特点的动漫形象代言研究较少，对于虚拟动漫形象代言效果研究结论缺乏实证，且结论常相互排斥。

以诺贝尔经济学奖获得者丹尼尔·卡尼曼（2012）发现的"框架效应"为代表的实验研究证明，人并非时刻符合"理性人"假设，人类的行为和决策常依赖非理性的直觉判断。这意味着单纯依靠问卷、访谈等研究方式并不能完全真实地反映出人们决策的自动加工过程和无意识状态。采用合理的实验研究设计，如情绪 Stroop、启动探测、内隐联想等，可以有效地反映出人们决策时的自动加工过程，弥补以往研究的不足。这将极大提升研究成果的信度，能够更加准确地反映出人们在决策时的真实情况。

本研究从注意、情绪、行为和跨文化选择、品牌来源国效应入手，结合客观测量与主观评价，运用实验研究的基本方法，设计以探测人们无意识加工为主的实验，对中外动漫形象代言效果进行研究，进一步挖掘看似简单的动漫与品牌背后复杂的注意、情绪、内隐联想等心理机制。

第二节　动漫形象国内外研究综述

本研究所指的动漫形象包含了两种情况，一是用动漫手法表现的虚拟形象，如厂商自创的动漫形象，可能有故事情节作为支撑；二是动漫作品中的人物形象。本研究中的动漫形象包括动画角色、漫画角色、游戏角色和自创虚拟角色，应时代之潮流，这几者愈发融合，一个角色常常拥有多个媒介属性。因此在本研究中，动漫形象泛指所有以动漫手法表现的形象，它可以是动漫作品中的、游戏中的或独立存在的，包括了最广泛意义的 ACG（animation、comic、game）领域塑造的虚拟形象，以及工商界所创造的、用动漫手法表现的、直接为产品和品牌服务的虚拟形象。

一、动漫形象传播效果研究

虚拟形象是一种现实生活中大多不可能存在的，但可以被人们所熟悉的视觉形象符号。虚拟形象代言是一种根据对现实世界的再现和再造而创做出来的视觉形象符号（殷伟群 等，2006）。虚拟形象代言不仅包括自己开发设计的卡通形象，还包括为品牌交流所使用的已经出名的卡通形象（郭俊涛，2007）。

Ohanian（1990）提出代言人的三个重要维度是"吸引力、可信度和专业性"。Tellis（2004）在他的书中阐述了三种广告代言人理论：信息源的信誉度（credibility）理论，吸引力（attractiveness）理论和 McCracken 的意义迁移（transfer）理论。代言人可信度指的是其专业知识（expertise）和可信赖度（trustworthiness）是值得相信的。代言人的可信赖度指的是能够察觉到来源，以公正和诚实的态度来提供信息的程度（Wood et al.，1988）。类似的是，对虚构形象的信任度则指虚构形象特征对品牌态度影响效果的程度。品牌体验显著地减少了虚构形象信任对品牌信任的影响。对品牌体验少的消费者来说，虚构形象会为品牌带来更多的好感，而对于有较多品牌体验的消费者来说影响甚微（Garretson et al.，2004）。Garretson和Burton（2005）的研究表明，用虚构形象能带来更多的良好品牌态度，即使品牌属性回想偏离了整合营销传播中传达的主要信息。在平面广告代言比较中，相较于人类代言人，在同一个广告中创造性地运用卡通人物代言会使广告获得更积极的结果，包括广告态度、品牌态度、购买意愿等方面（Heiser et al.，2008）。Lebel 和 Cooke（2008）的研究则表明，消费者与虚构形象之间存在明显的个性连接，而虚构形象与叙事背景之间同样存在显著的关系，特别是在消费者与虚构形象之间更大的叙事背景中。黄郁嘉（2010）的研究表明，虚拟代言人的好感度与可信度皆能影响广告态度。虚拟代言人好感度包括人格化、外形特征、幽默感，虚拟代言人可信度包括相关性、专业性、怀旧性，这些皆能够影响消费者的广告态度。

动漫形象吸引力的研究同样引人注目。代言人物的类型对广告可靠性、广告注意力会有不同程度的影响，特别是具有卡通脸部特征及孩童声音的女性虚拟代言人物最能达到显著的广告效果（吕忆兰，2008）。

无论产品种类，低卷入度产品的说服力比高卷入度产品好。人形的动漫角色代言是最好的消费者注意力吸引器，它能使消费者回味其中。此外，女性对于动漫形象代言广告的接受度高于男性，并且虚构形象更能吸引消费者（Chang，2010）。虚构形象的人格维度和来源的可信度包括专业度、诚信和吸引力，不同来源的虚构形象的影响力大小不同。真诚和能力是虚构形象提升原技术、信赖度和吸引力最重要的人格特质（Kyung et al.，2010）。以"第二人生"游戏为测试环境，比起令人兴奋的虚构形象，被试与真诚、能干的虚构形象在交互上表现出更好的信任和对品牌更积极的态度、对零售商更高的满意度，以及更强烈的网上购物意向（Jin et al.，

2009）。制造商可以使用动画角色吸引消费者注意，但产品和品牌也必须参与进来，这样能提高消费者的产品、品牌态度与购买意向（Huang et al., 2011）。

意义迁移理论在代言人研究中同样是一个焦点。心理学家认为，传递信息的人的自身人格因素不仅会影响受众，还会进一步影响受众对传播信息的认同。当广告代言人不断地与品牌联系在一起的时候，广告代言人所具有的特性就传递给了品牌（李丹，2010）。McCracken 等在 1989 年提出了意义迁移模型，他用"意义"去描述消费者对名人的评价，比如社会地位、性别、年龄、个性、生活方式等。名人广告对消费者的影响实质就是一种典型的意义迁移过程，当名人与产品在广告中同时呈现时，名人所具有的某种意义就会迁移给其所代言的产品，使得该品牌获得了相同的象征性意义。广告代言人代表一种具有独特意义的文化符号，如果这套符号能够很好地被使用，则这种独特意义将被传达到所代言的产品上。这个过程分为三步来完成：文化—意义的传达—消费（谢绥萍，2008）。

动漫形象作为代言人能提升享乐型服务，且一些动漫形象同样能够提升功能型服务（Wakefield et al., 1997）。动漫形象代言或许是享乐型服务的最佳代言，而明星代言则是功能型服务的最佳代言（Callcott et al., 1994）。可以向动漫形象代言人注入与产品相关的文化元素来得到享乐型服务的虚构形象（Callcott et al., 1996）。Stafford 和 Day（2002）的研究表明，创造的角色非常适合享乐型服务，但不适合功能型服务。利用卡通人物，特别是受儿童喜欢的卡通人物作为产品代言人介绍新产品，在儿童市场一直是有效的（Huang et al., 2011）。虚拟动漫形象是理想中的产物，是最接近完美的形象，比较适合也比较容易形成消费者的"角色互换体验"（殷伟群 等，2016）。虚拟形象免去了聘请明星代言的高昂费用，最大限度迎合消费者喜好，且不会衰老或死亡，能保持产品独特性（李光斗，2009），也能避免明星代言多个品牌产生的"稀释效应"，易于产生品牌联想（韩凌云，2011）。

二、动漫形象设计研究

一个独特的、可替代的、新颖的动漫形象代言人能创造出更多的兴奋点和兴趣点。特殊的动漫形象可创造或催生一个新产业，并可用在所有营销传播服务（Stafford et al.，2002）。虚拟形象大多为动漫形象，其具有独特的个性形象，商业性非常强，要具有时代号召力才更能吸引核心消费群体（殷伟群 等，2006）。过宏雷（2009）认为，动漫形象设计应体现差别化思路，体现企业及品牌的个性形象，自然、轻松、随意、夸张、生偏、另类的形象或许更容易受大众欢迎。虚拟形象的开发要以目标消费者心理需求为依据，在外形上要符合目标消费者的审美需求，并注入性格与情感，要能体现出品牌个性与核心价值（李光斗，2009）。品牌虚拟形象代言人夭折的主要原因有开发设计流程上缺乏科学性和战略性，对虚拟形象代言人的营销及传播缺乏经验等（韩凌云，2011）。

三、动漫形象代言人适用产品类型

动漫形象代言人常用于特定的儿童商品，因为动漫形象能让儿童产生信任光环（Auken et al.，1985）。虚拟形象明显有助于对产品和价值的认知（Hoy et al.，1986）。虽然对动漫形象代言儿童产品的研究较多，但只有很少的研究关注了动漫形象代言对成人消费者的影响（Callcott et al.，1994）。张继焦和帅建淮（2002）认为，虚拟形象代言人的应用主要集中于家电业、饮食业、IT 业。品牌虚拟形象代言人常用于家用产品、IT 产品、汽车产品、药品、服务品牌、报刊以及动漫形象代言应用最广泛的是食品行业（王玉，2007）。相比于不带动漫形象包装的食物，儿童更喜欢同样的但带动漫形象包装的食物，儿童喜欢的食物明显受到包装是否带动漫形象的影响（Roberto et al.，2010）。

营销 3.0 时代是价值驱动营销，价值主张包含功能性、情感化与精神化（菲利普·科特勒，2001）。品牌情感传播势必会有更多的品牌创造或选择更多的动漫形象代言人，因此有两个重要问题迫切需要解决：一是如何判定品牌与动漫形象的拟合，有研究表明，一些确定类型的代言人对确定类型的产品代言更有效（Kamins，1989）。二是如何评价动漫形象是否很好地展现了品牌价值。对动漫形象代言效果的测评，始终是一个难题。

第三节　品牌代言相关理论的研究综述

本书将考察动漫形象与知名或不知名品牌匹配、品牌与动漫来源国匹配的问题，具体包含动漫形象代言品牌的效果如何，动漫形象个性是否同样会影响品牌传播。因此，文献检索中需进行知名与不知名品牌、品牌与动漫形象匹配之间的相关研究。

一、知名与不知名品牌的相关研究

在以往对不知名品牌的研究中发现，人们对有高品质合作伙伴的不知名品牌的感知度会高于低品质合作伙伴的不知名品牌。特别是当那些高品质的合作伙伴来自不同的行业类别时，不知名品牌的感知度将大大增强（Fang et al.，2002）。Escalas 和 Bettman（2011）的研究则表明，只有当消费者对品牌、名人代言人认识一致，并且该名人是消费者渴望成为的对象时，使用名人代言才能取得好的效果，尤其是在名人与品牌匹配的情况下。仅靠名人代言并不能让消费者与不知名品牌产生品牌连接。

二、品牌来源国形象的相关研究

品牌来源国（country of origin，COO）形象最早是由美国学者 Dichter（1962）关注到的一种意义迁移的现象。此后，Schooler（1965）对中美洲多个国家的产品进行了相关研究，品牌来源国形象的研究成为品牌学中的一个持久热门的话题。研究表明，来源国效应会受到产品来源国变量，如经济发达程度、产品线索类别和来自消费者的变量，如文化、产品的熟悉程度等的影响。

近几年来，我国学者也开始关注我国与国外产品的品牌来源国效应。

王海忠和赵平（2004）的实证研究认为，国产品牌形象评分总体上低于美、日品牌形象。研究结论证实了品牌原产地对消费者品牌信念和品牌购买意向起显著性作用。Chao 等（2005）揭示了名人代言在不同文化背景下的巨大差异，语言和文化遗产的相似性会带来更强的认同感。庄贵军等人（2006）的研究证明，国货意识的强弱对于消费者购买本土品牌的直接影响和间接影响均不明显。张红霞和张益（2010）的研究从外显态度上证明，当代言人与产品国别一致时，对广告效果具有正向的影响，即当代言人国别属性与产品国别属性一致时，广告效果明显优于不一致的情形。

第四节　动漫消费群体的相关研究

在梳理完来源国效应和品牌连接效应的相关研究后，对消费主体的研究同样引起了本研究的关注。与本节研究紧密相关的动漫消费群体中，有一部分群体有明显的"二次元情结"（韩若冰 等，2012）。"二次元情结"又称为"二次元症候群"，它是指"一些人只对漫画、录像带或电视游戏中的虚构女性角色感兴趣，而对于现实生活中的女性则缺乏兴趣。这个名词可以追溯到'二次元禁断症候群'，最早于 20 世纪 80 年代初期在日本提出。由于当时日本的男中学生都沉迷于漫画，甚至有不少人过分沉迷于漫画里的虚拟世界，造成社交上的障碍。这种情况在进入 20 世纪 90 年代甚至 21 世纪后还未得到明显改善。"朱岳（2008）认为："二次元情结最为典型的表现就是对现实中的异性远没有对二次元中的异性来的热情高涨。根据二次元情结群体的审美倾向塑造出来的二次元异性，可以说集现实中的异性优点于一身，十分讨人喜爱。以动漫逻辑对二次元形象进行种种想象已成为该群体的习惯，收集各种周边产品、制作同人志、玩 cosplay 等种种行为都是这种'妄想'习惯的补充，以此来模拟只存在于幻想中的超真实、创造出来的类像。"根据维基百科的解释，只对动画、漫画、游戏当中登场的虚拟角色保持兴趣或感情，而对现实中的异性没有兴趣的人，被称为"二次元世界的住人"，情况严重者会患有"二次元禁断综合征"。

2007 年在长沙市所做的一项问卷和访谈表明，长沙市漫迷群体以青少年为主，该群体倾向于购买国外的动漫产品，特别是日本动漫产品。相关分析表明，购买动漫产品的主要动机是娱乐消遣，且这一动机与年龄、性别等因素无关。大部分漫迷购买的动漫产品来源于国外，尤其是日本，占了总体样本的 67.3%，欧美占了 6.7%，韩国占了 11.3%，中国占了 12%，其他地方占了 2.7%（孔金连，2007）。若研究者忽略了动漫作品的来源国效应，这无疑会对研究说服力造成影响。2008 年，对北京、天津、上海及昆明 986 名初中生进行问卷调查后的结果显示，日本动漫最受初中生青睐，动漫兴趣不会导致初中生无节制的动漫消费，多数学生会合理控制动漫花费（董小苹 等，2008）。通过我国漫迷对中日动漫的感知差异可发现，国产动漫在漫迷心中的地位与日本动漫在多个方面有"较大差距"，且在"情感需求的满足"方面差异最大。对主题的感知差异是决定漫迷最终偏好的最主要的因素，声乐和画面造型次之（马茜，2010）。严晨（2012）从角色类型偏好、消费能力和欲望、兴趣程度、功能评价及产品类型选择、渠道等方面对中国动漫明星广告潜力进行了问卷调查，但由于其没有对问卷的信度、差异的显著性进行检验，因此在多个方面得出的大多为定性结论，可靠性无法保障。因此通过数千个样本获得的数据难以成为可靠的研究结论。

以上所列举的动漫消费者研究虽已取得了一定的研究成果和基本结论，但在研究方法上过于依赖受调查者的自我报告，即采用问卷、访谈等方式测量外显态度，没有办法对受调查者的内隐态度做出判断，难以保障研究结论的效度。

第五节 研究问题与研究目的

一、研究问题

本研究围绕"影响动漫形象品牌代言效果的因素是什么和这些因素的作用机制"而展开。为考察动漫形象代言在吸引力、信誉度与跨文化意义传达上的效果，本研究在借鉴前人研究模型的基础上，设定 6 个基本问题（H1 ～ H6），对 3 个方面进行研究。

H1　动漫爱好者与非动漫爱好者对动漫形象与明星的注意和情绪反应是否存在显著差异。（从实验得出的反应时和脑电数据来考察差异大小。）

H1.1　动漫爱好者与非动漫爱好者对动漫形象与明星的注意是否存在显著差异。

H1.2　动漫爱好者与非动漫爱好者对动漫形象与明星的情绪反应是否存在显著差异。

H2　动漫爱好者与非动漫爱好者对动漫形象与明星代言的好感度是否存在显著差异。（通过 EEG 测量并计算出的情绪指数来衡量两者之间的差异。）

H3　人们对动漫形象与明星代言的出价行为是否存在显著差异。（用被试出价和厂商指导价的组合分析方式测算两者的差异，并结合问卷数据进行分析。）

H3.1　人们对同一品牌的动漫形象 / 明星代言效果的出价行为是否存在显著差异。

H3.2　人们对不同品牌的动漫形象 / 明星代言效果的出价行为是否存在显著差异。

H4　中国动漫形象代言不知名中国品牌与不知名外国品牌的效果是否

存在显著差异。（利用实验得出的反应时数据和对被试主观态度的测量对差异进行分析。）

H5 中国动漫形象代言知名中国品牌与知名外国品牌的效果是否存在显著差异。（与H4类似，利用实验得出的反应时数据和对被试主观态度的测量对差异进行分析。）

H6 中外品牌与中外动漫形象联合的外显与内隐态度是否存在显著差异。（利用主观报告的作品熟悉度、外显的来源国态度与内隐联想得出的内隐态度进行综合的数据分析，分析两两的相关性。）

二、研究目的

符号消费是消费社会最重要的特征。新的媒体环境诞生出了新的符号与符号生产方式，产生了新的意义生成机制，人们可通过各种符号来产生意义、表达自我。虚拟动漫形象、品牌皆是符号化生存在消费环节的集中体现。虚拟形象不仅是形象符号，更是一种人生态度（殷伟群 等，2006）。动漫形象与品牌传播研究，反映出在数字媒体环境中意义的生成、分享机制，是新媒体时代人们符号化生存的一种重要体现。动漫形象已成为人们自身投射、品牌价值的凝聚点。因此，对虚拟形象与品牌传播的研究显得特别重要。

在企业经营实践中，基于动漫形象对品牌传播所拥有的巨大价值，企业大量投入对品牌的虚拟形象，特别是动漫形象的开发。同时，动漫形象代言已成为许多知名企业与品牌凸显其产品、服务差异性，提升消费者对企业品牌形象观感的新选择。如何解释动漫形象代言所带来的种种影响、剖析动漫形象影响品牌传播的机制，是本研究的理论目的。本书力图为实践中动漫形象代言所遇到的最基本的吸引力、信誉度和意义传达提供一个分析模型和可靠的解释。

第六节　研究方法

一、研究方法概述

托马斯·库恩（2003）指出，科学的发展具有间歇性。在各学科发展史中的某些关键时刻，一位或几位大师的贡献就建立了该学科的理论框架，而这一框架则构成了进一步研究的基础（保罗·克莱姆齐，2010）。近些年的实验研究对以往的联想测量方式做出了巨大改进，并且人们对记忆的理解随着神经科学的突飞猛进有了全新认识。在 20 世纪 80 年代，心理学家发现，当人们看到一个词时，其思维就会立刻产生变化，而且这种变化是可测量的，同时，很多相关词语会被激发出来。采用合理的实验设计，如启动探测、内隐联想、情绪 Stroop 等，可以有效地反映出人们决策的自动加工过程，弥补以往研究的不足。有远见的社会科学家们不断呼吁打破学科的藩篱，共同探讨和解决社会根本问题（金迪斯 等，2005）。因为植根于人们内心的品牌观念和代言人感知常常是人们通过自动加工的方式完成，并不能仅仅依靠问卷、访谈等传统调查方式获得答案。因此，需要去探索和寻找更适合发掘品牌与代言秘密的研究方法与手段。

近些年来，社会科学研究体现出明显的认知神经科学转向，以心理学家丹尼尔·卡尼曼和实验经济学之父弗农·史密斯（Vernon Smith）分享2002 年诺贝尔经济学奖，表彰他们在心理学和实证经济学研究方面所做的开拓性工作为标志。卡尼曼与史密斯的杰出发现为社会科学的发展带来深远影响，越来越多的学者使用"框架效应""锚定效应""启动效应"等心理学发现来重新看待和解释社会科学问题。认知神经科学，旨在阐明认知活动的脑机制，研究知觉、注意、记忆、语言、思维、意识等认知过程，研究智能的本质和起源。动漫形象是典型的文化产品，兼具精神属性与商品属性。文化产业研究中关注的文化产品的生产、流通、消费等问题，可以从揭示大脑的奥秘开始找到答案。因研究对象的复杂性，文化产业研究对打破学科界限，建立以问题为导向的研究范式愈加迫切（何苗等，2013）。

文化产业研究根据不同的理论层次，可以有宏观、中观、微观三个层面的研究路径。一是宏观层面：文化产业研究方法论、本体论。这个层面主要讨论文化产业的基本属性、基本规律。二是中观层面：文化产业的生产、交换与消费机制。这个层面目前占到了文化产业研究的大多数。各种研究路径的介入使跨学科研究不断产生增长点。除了通过传统的经济学、管理学路径，还可以借助心理学、认知科学的分析方法来更好地了解目标群体的需求、行为习惯、群体动力机制。在这个层面，用科学的办法记录数据，结合定性研究，能够更加有效地剖析文化产品生产、交换和消费的全过程。以问题为导向，以消费者为中心的文化产品生产、交换、消费的内在规律探索将成为新一代文化产业研究者的历史重任。三是微观层面：文化产品意义流动机制。这个层面由各种文化研究理论介入，讨论各种形态的文化产品所传递的意义的生成、分享过程，讨论文化产品意义可能产生的各种影响。

参考以上划分，本研究属于文化产业研究的中观层面，由于学科介入面广，因而采取以问题为导向的多学科路径能有效地剖析文化产品生产、交换和消费的全过程。

本研究的基本方法为实验法。核心的方法来源于应用心理学、传播学与消费者行为学，研究手段上主要采用脑电测量注意和情绪水平，采用多种范式行为实验测量反应时、正确率、出价等行为数据，具体包括三方面：

一是利用文献法完成对研究的综述。充分利用国内外已有的重要研究资料，把握研究进展与研究不足。

二是核心实验主要采用行为实验与 ERP 脑电实验结合的方式。脑电成分包括 P1、N2、N4、P3、LPP。实验范式包括情绪 Stroop 和基于半脑 α 波能量比值的情绪指数测量等。

三是自我报告数据和客观测量数据的对照。自我报告数据通过结构式问卷、半结构式问卷获得；客观测量数据（被试反应时、正确率等数据）通过情绪 Stroop 范式和内隐联想测试（IAT）获得。

二、认知测量的基本原理与方法

鉴于认知神经科学能从社会、认知和神经三个方面研究复杂的社会情绪现象，拥有独特性和有效性，故越来越多的学者开始采用认知神经科学的研究方法。Lee 等（2007）发现神经科学有助于更好地了解消费者行为。与本研究相关的神经营销学（Neuromarketing）已经成为国际公认的一个社会认知神经研究领域。认知神经研究方法由于其科学性、准确性，已被越来越多的社会科学研究者所重视和采用。目前国外常用的、较成熟的神经科学研究工具有 fMRI、EEG、ERP、PET 等。脑电信号分析的 ERP、EEG 等研究设备因成本相对较低、实验较为便利、时间精度较高等特性而获得广泛的运用。

积极情绪与消极情绪在脑中有着神经基础动力系统，即行为趋近系统（behavioral approach system，BAS）和行为抑制系统（behavioral inhibition system，BIS），这两个动力系统对奖励和惩罚信号有着不同的感受性（Davidson et al.，2000）。研究发现，前额叶（prefrontal cortex，PFC）的不对称性与趋近和抑制系统的特定形式相关，左侧 PFC 区域与积极情绪和趋近系统相关，右侧 PFC 区域与消极情绪和抑制系统相关（Sutton et al.，1997）。情绪效价假说（valence hypothesis）认为，人脑左半球支配积极情感而右半球支配消极情感，即认为左半球处理积极情绪而右半球处理消极情绪。Ahern（1985）对 EEG 信号进行采集后发现，积极情绪和消极情绪在大脑的额区具有单侧化效应，积极情绪在左半球有更高的激活。Sutton 和 Davidson（1997）应用 EEG 对前额叶激活程度进行测量时发现，表现出更强烈左侧前额叶激活的个体相对那些表现出更强烈右侧前额叶激活的个体，在 BAS 上的得分要高于在 BIS 上的得分。Davidson（1990）认为，EEG 显示的 α 波段（8～12Hz）的不对称性标示着个性特质，左侧半球激活升高的个体通常使用更积极的反应方式，而那些右侧半球激活升高的个体则倾向用消极的反应方式。在正常被试中，消极刺激比积极刺激能诱发更大的 P300 波幅，这表示消极情绪可调动更多的神经结构参与情绪的信息加工（An et al.，2003）。

以下是一些重要的与本研究有关的脑电成分。

N200 是潜伏期约 200 ms 的负电位，被认为与注意（Czigler et al.，1992）和刺激辨认（Wijers et al.，1989）有关。

P300 是潜伏期约 300 ms 的正电位，被认为与注意、辨认、决策、记忆等重要认知功能有关（Sutton et al.，1965），广泛用于心理学、医学、测谎等领域。

N400 是潜伏期约 400 ms 的负电位，主要反映了语意等言语认知加工过程（Kutas et al.，1980）。N400 在揭示语言加工的认知规律上发挥了很大作用，然而对于 N400 反映的是否只是语意加工，还是同时也反映了语言的其他性质仍有争议。有实验证明，面孔、图画等非语言刺激也可诱发 N400（魏景汉 等，2002）。

LPP（late positive potential）是晚期正成分，研究普遍认为情绪图片会比非情绪图片引发更大的 LPP 成分。相对于中性图片，情绪图片会诱发出显著的与动机、注意有关的晚期正成分（Schupp et al.，2000）。还有研究发现，相对于朋友图片，恋人图片会引发幅度更大的 LPP（赵仑，2010）。

基于认知神经科学的品牌研究属于神经营销传播研究领域。目前较有影响的研究包括 Schaefer 等人（2006）发现内侧前额叶在品牌识别中起重要作用；Deppe 等人（2005）模拟消费者选择产品的情境，发现只有被试偏好的品牌才能激发明显的决策模式，当目标刺激为被试喜欢的品牌时，脑内侧前额叶的活动增强；Knutson 等人（2007）采用 fMRI 扫描被试在模拟购买实验中做决策时的神经活动发现，当被试面对喜欢的商品时激活了前扣带皮层（ACC）；Stallen（2010）用功能性磁共振检测了哪个过程是以产品名声记忆效果和购买意愿为基础的，研究发现，相关的名人与产品的配对处理中，内侧前额皮层（mPFC）活动增加。这一发现表明名人的有效性源于从名人到产品的转移的积极影响。早期暴露的内隐记忆激活和注意过程的增加并非名人代言广告有效与否的根本所在。采用启动探测范式，以名人与非名人图片作为刺激材料的名人效应神经机制研究发现，名人图片相比非名人图片引发了粉丝组更小幅度的 N2 成分，更大幅度的 LPP 成分。名人效应对普通人（非粉丝）的作用并不显著（袁瑞贤，2011）。

三、情绪测量的基本原理与方法

（一）反应时

反应时（reaction time，RT），是一个专门的术语，不是指执行反应的时间，而是指刺激施于有机体之后到明显反应开始所需要的时间（杨治良，1997）。反应时是实验心理学最常用的心理活动测量指标之一。世界卫生组织推荐的神经行为核心测试组合（WHO-NCTB）就包括对视觉反应时的测定（陈自强 等，1988）。

Donders 在 1968 年开始研究反应时，他将反应时分为三类，即简单反应时（simple reaction time）、选择反应时（choice reaction time）和辨别反应时（recognition reaction time）。简单反应时是给予被试以单一的刺激，要求其做同样的反应。被试的任务很简单，因为他预先已知道将有什么样的刺激出现并需要做出什么样的反应。选择反应时是根据不同的刺激物，在各种可能性中选择一种符合要求的反应，反应的选择余地愈大，反应速度就愈缓慢。选择反应时指从刺激呈现到确认刺激并做出反应的时间（杨治良，1997）。辨别反应时指从刺激呈现到刺激确认并做出反应的心理操作耗费时间。

（二）情绪 Stroop 效应

在心理学上，情绪 Stroop 效应是一个考察干扰任务反应时间的实验。当表达颜色的词语（例如"蓝色""绿色"或"红色"）和实际文字颜色不一致时，对此颜色进行正确命名需要更长的时间。这种效应由 Stroop（1935）发表在英文期刊上的研究而得名，目前广泛应用于临床实践和调查。但当面对文字材料时，个体很难不对其语意进行加工，因此，对文字语意加工而影响实际文字颜色命名的研究逐渐发展成为情绪 Stroop 实验。一般认为，情绪 Stroop 范式是考察个体对情绪信息处理的重要经典范式。情绪 Stroop 实验通常会向被试呈现两种或三种不同颜色的词语（包括中性词和情绪词），要求被试忽视词语的语意并尽快地对词语的颜色进行命名（主任务）。被试在词义上分配的注意资源越多，那么在主任务上分配的注意资源就越少。因此，被试若在执行主任务时受到情绪词干扰，则对颜色命名会更加缓慢（Williams et al.，1996）。中国学者对汉字的情绪 Stroop 效应的检验结果显示，情绪 Stroop 效应不受情绪词的抽象性影响，该效应与经典的 Stroop 效应是两种独立的现象。情绪 Stroop 效应的加工过程是由于受情绪词所产生的情绪影响而导致的反应延迟（钟毅平 等，2007）。

（三）内隐联想测试

心理学家研究认为，人们大量的心理活动发生在意识知觉之外，那些无法被意识察觉，但却影响人们态度的因素被归纳为内隐态度（implicit attitude）。Greenwald（1995）提出了测量内隐态度的方法——内隐联想测试（implicit association test，IAT）。这种方法通过巧妙地将反应时相减，得出人们对某种事物的内隐态度。IAT已被证明具有良好的信度和效度（Nosek et al.，2007），并被用于品牌偏好的研究（Brunel et al.，2004）。与采用自我报告的形式相比，采用IAT比外显测量更加敏感，对行为具有更好的预测力（Maison et al.，2004）。之后，Greenwald（2003）又改进了IAT效应值的算法，避免了传统算法的缺陷。

第七节　技术路线

本研究以实验法为基本研究方法，取得数据、验证假设、得出结论。前期利用问卷调查搜集前测数据，充分利用文献法整理已有的研究成果，利用符号提取等方法实现部分数据的解释工作。早期文献资料来自浙江大学图书馆的丰富数据资源。

本研究的部分前测数据来自在校大学生参与的问卷调查，核心数据主要通过脑电 ERP 实验获得，在实验的基础上形成研究的主要内容和观点。

本研究的技术路线（研究构思示意图）如图 1.1 所示。

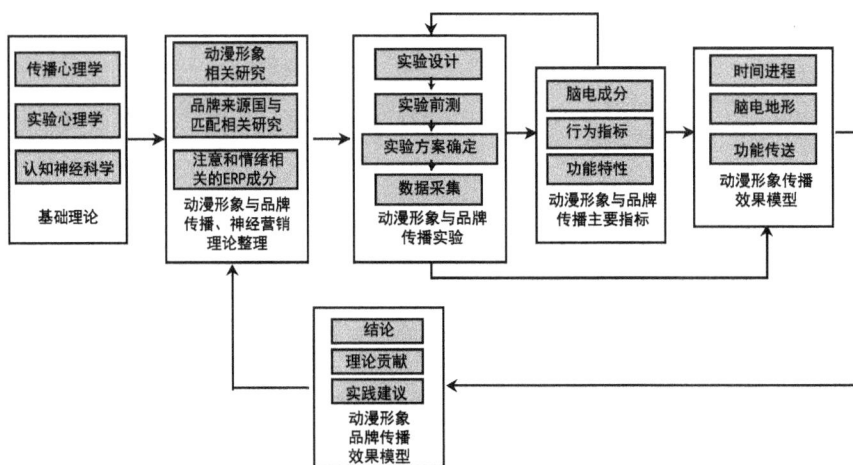

图 1.1　研究构思

第八节 研究基本内容

本研究围绕核心问题"什么样的动漫形象会获得最好的代言效果"展开。研究的基本内容以横、纵两轴展开，横轴以动漫形象代言的注意转向、态度测量、行为测量的逻辑推进；纵轴围绕真人对比虚拟、品牌个性与虚拟动漫形象个性拟合、品牌与虚拟动漫形象来源国效应这三个主要问题。

一、动漫形象与明星代言的注意和情绪差异的脑电研究

实验一采取 2×2 的实验设计，即 2 种被试类别（动漫爱好者与非动漫爱好者）×2 种线索类别（动漫形象和明星）。实验一运用情绪 Stroop 范式展现三种颜色的名称；结合行为实验和脑电实验两个方面的数据，通过两个实验来考察人们对虚拟动漫形象和明星的注意差异；使用 Neuroscan 软硬件系统搜集和处理脑电数据、分析诱发出的各种脑电成分，以及不同的脑电成分所代表的特定含义。

二、动漫形象与明星代言效果的情绪研究

实验二采取 2×2 的实验设计，即 2 种被试类别（动漫爱好者与非动漫爱好者）×2 种线索类别（动漫形象和明星）。实验二让被试观看不同的视频材料作为实验刺激，运用 Davidson 对左、右脑优势的假设，采集被试的 EEG 脑电数据，使用 Neuroscan、MATLAB 等软件搜集和处理脑电数据，比较情绪指数在不同时间点（以秒为单位）的大小（α 波能量值比值），考察被试对动漫形象与明星代言的品牌态度偏向。

三、动漫形象与明星代言效果的出价行为研究

实验三分为两个部分。第一部分是同一品牌的动漫形象与明星代言效果的行为分析。实验采取 2×2 的实验设计，即 2 种被试类别（动漫爱好者与非动漫爱好者）×2 种线索类别（动漫形象和明星）。刺激材料为视频广告，考察被试在看完广告后对产品的出价情况和出价原价差。第二部分考察不同品牌的动漫形象与明星代言效果的行为分析。实验采取 1×2 的实验设计，即 1 种被试类别 ×2 种线索类别（动漫形象和真人明星）。刺激材料为视频广告，考察被试在看完广告后对产品的出价情况和出价原价差。综合两部分实验，考察在同一品牌和不同品牌间，使用不同代言策略的被试出价行为差异。

四、中国动漫形象与中外不知名品牌的代言效果研究

实验四采取 1×3 的实验设计，即 1 种被试类别 ×3 种线索类别（中国品牌、美国品牌、日本品牌）。实验四采取启动探测范式，要求被试通过按键的方式来选择自己认可或不认可的中国动漫形象与三国品牌的代言。分析被试在针对不同国别线索时的反应时差异、接受度差异。

五、中国动漫形象与中外知名品牌的代言效果研究

实验五采取 1×3 的实验设计，即 1 种被试类别 ×3 种线索类别（中国品牌、美国品牌、日本品牌）。实验五采取启动探测范式，要求被试通过按键的方式来选择自己认可或不认可的中国动漫形象与三国品牌的代言，这些知名品牌通过前测筛选得出，全部属于电子产品品牌。分析被试在针对不同国别线索时的反应时差异、接受度差异，并与实验四结果对比，分析被试在针对同一国知名、不知名品牌线索时的反应时差异和接受度差异。

六、中外动漫与中外品牌的外显与内隐态度研究

实验六采取 1×3 的实验设计，即 1 种被试类别 ×3 种线索类别（中国品牌、美国品牌、日本品牌）。实验首先获得被试的产品来源国品牌外显态度和动漫作品熟悉度，内隐态度采取 IAT 范式 7 个阶段进行实验。分析产品来源国外显态度的国别差异，利用动漫作品熟悉度将被试分为高熟悉度组和低熟悉度组，分析不同产品来源国的内隐态度。考察产品来源国外显态度和 IAT 结果的相关性，考察不同动漫作品熟悉度和 IAT 结果的相关性，考察不同的动漫作品熟悉度和产品来源国外显态度的相关性。

第二章　动漫形象与明星代言的注意和情绪差异的脑电研究

第一节 引 言

选择明星还是动漫形象作代言人是广告主在选择代言人来扩大品牌效应时苦恼的问题。明星和动漫形象何者更容易引起受众的注意是广告研究的热点问题之一。已有研究揭示，动漫形象和明星的传播效果差异来源于不同的产品线索，如功能型与享乐型产品线索，高、低卷入度产品线索等。与此同时，这类研究往往因为变量或刺激物的选择不同导致不一致的结果（Callcott et al.，1994）。这说明选择功能型与享乐型产品线索类别具有极大的不确定性，不能将其作为判别动漫形象与明星代言效果差异的特定指标。另外，从方法学上来看，这类研究单纯依赖被试的自我报告，因此，研究结论存在较大的主观任意性，其并不能作为判别动漫形象与明星代言效果差异的有效指标。基于前人研究的不足，本研究中，笔者拟在不考虑产品类型的情况下，直接比较受众对动漫形象与明星两类代言人的传播心理。为系统考察该问题，笔者从两类代言人引发受众注意和情绪差异两方面对该问题进行探讨。另外，考虑到近年来"二次元"文化盛行，大批动漫爱好者（以下简称漫迷），特别是日系动漫爱好者常自称为"二次元世界住人"，以示己身与众不同的文化身份。因此，本研究亦对受众的文化身份区别考察。

以往的研究鲜有采用客观指标考察动漫形象线索与明星线索对不同人群的注意与情绪偏向。本研究采用情绪 Stroop 实验范式，采集被试的反应时数据和脑电 ERP 数据。本章利用反应时数据和 ERP 成分的差异，考察由动漫爱好者构成的实验组和由非动漫爱好者构成的对照组之间的差异性，第一次从脑电成分的角度来论证动漫形象与明星之间、动漫爱好者与非动漫爱好者之间的注意与情绪差异。

第二节　方　法

一、前　测

从淘宝动漫形象搜索排行和百度动漫形象搜索排行中选择 140 个搜索频率靠前的动漫形象；从百度明星排行中选择 140 个搜索频率最高的明星。由 45 名在校大学生（男生 23 人，女生 22 人）填写《动漫作品熟悉度量表》和《明星熟悉度量表》，1 为不熟悉，5 为非常熟悉。经 SPSS 17.0 统计出熟悉度排名前 8 位的明星与动漫形象，被试对这些人物熟悉度都在 3.68 以上。这 8 个明星分别是成龙、刘德华、王力宏、张国荣、赵本山、周杰伦、周润发和周星驰；8 个动漫形象分别是机器猫、柯南、流川枫、龙猫、猫咪老师、千寻、犬夜叉和樱桃小丸子。

二、被　试

按照行为和脑电实验要求与惯例招募了超过 12 名被试。实验共招募 20 名大学生志愿者（男生 13 人，女生 7 人）。被试的平均年龄约为 22 岁（M=22.2，SD=1.99）。由 10 名大学生动漫爱好者构成实验组，10 名大学生非动漫爱好者构成对照组。20 名大学生被试裸眼或矫正视力均达到 5.0 以上，色觉正常。被试均为右利手，无既往精神病史。本研究对动漫爱好者的界定参考孔金连（2007）对"漫迷"做出的操作性定义。动漫爱好者需同时满足以下三个条件：①每周花 600 分钟以上观看动漫作品，会不断重温所喜欢的作品。②痴迷于动漫中的角色，倾向购买与该角色相关的动漫产品。③经常在日常生活中使用动漫作品中的语言，倾向对所喜爱的动漫作品进行考证。

三、实验材料与设备

正式实验所使用的刺激材料是通过前测筛选出的明星和动漫形象两类词语，即 8 个明星词语（成龙、刘德华、王力宏、张国荣、赵本山、周杰伦、周润发和周星驰）和 8 个动漫形象词语（机器猫、柯南、流川枫、龙猫、猫咪老师、千寻、犬夜叉和樱桃小丸子）。此外，选取 8 个文具词语（挂图、橡皮、地球仪、练习本、圆珠笔、转笔刀、百科全书和自动铅笔）作为练习材料，用于预备实验，帮助被试熟悉实验流程。

实验由两台联想双核计算机控制；使用 Neuroscan 软硬件系统采集被试脑电信号，脑电信号放大器的型号是 SynAmps2，A/D 采样频率为 1000Hz；选用 Quik-Cap 32 导电极帽；脑电实验程序用 E-prime 2.0 编写并呈现刺激材料；行为数据由 E-prime 2.0 采集。刺激材料用 21 寸屏幕呈现给被试，屏幕刷新率为 75Hz。被试眼睛与屏幕的距离为 50cm，刺激材料是高度为 1.5cm，宽度为 3cm 或 4.5cm 或 6cm 或 7.5cm 的中文词。视角为中文双字词 1°×2° 或中文三字词 1°×3° 或中文四字词 1°×4° 或中文五字词 1°×5°。

四、实验程序与设计

实验设计采用 2（被试类别）×2（线索类别）混合设计，其中线索类别分为正性线索和中性线索两类，是被试内变量。对每位被试呈现的词语分别以红、蓝、绿三种颜色呈现 3 次，整个实验过程中每个被试接受 144 次实验，实验分为 3 节进行，每节中间被试可休息 3 分钟。词语以完全随机的顺序呈现。实验采集了多个电位数据，根据研究需要和前人研究，只对其中 9 个电位分别进行重复测量方差分析。如图 2.1 所示，这 9 个电位是 F3、F4、Fz、C3、C4、Cz、P3、P4 和 Pz。

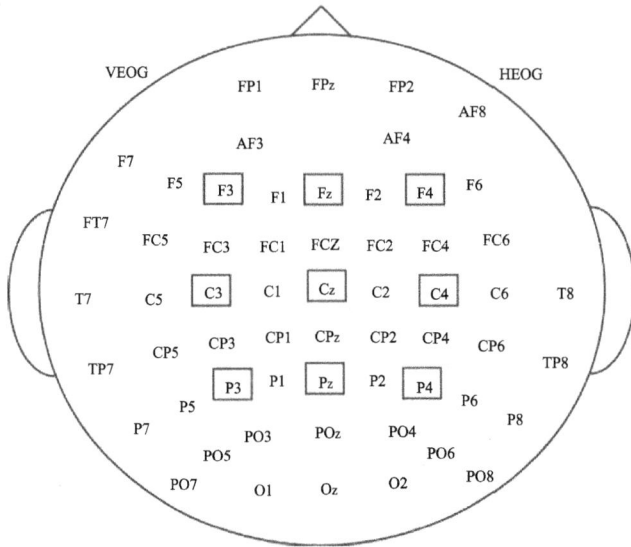

图 2.1　实验记录电位分布

　　实验开始前，被试端坐在电脑前，屏幕设定为黑色背景色。首先屏幕会出现一个红色的"+"提示符，提醒被试实验开始，提示符的出现时间为 500ms；随后出现实验词语，要求被试在保证正确率的前提下，看到红色词时尽快按向左键"←"，绿色词时尽快按向上键"↑"，蓝色词时尽快按向右键"→"；在被试做出按键判断之后词语会消失，500ms 之后进入下一个实验。进行 48 个词语刺激之后会提示被试休息，实验一共进行 3 轮。在正式实验之前以预备实验使被试熟悉实验流程，实验过程中计算机自动记录反应时和正确率，同时 Neuroscan 通过放大器 SynAmps2 自动采集被试的脑电数据。数据采集时间共计 18 分钟左右。

第三节 结果与分析

一、行为数据

数据统计显示，20 名被试对词语线索的颜色命名的正确率都在 93% 以上。具体来说，动漫爱好者组（实验组）均值 M=98.23%，标准差 SD=0.012；非动漫爱好者组（对照组）均值 M=97.43%，标准差 SD=0.006。被试做出正确判断的反应时数据按照三倍标准差法剔除极值，被试的数据剔除量未超过总体的 7.7%。

对采集到的反应时数据进行 2×2（线索类别 × 被试类别）重复测量方差分析。统计结果非球性采用 Greenhouse-Geisser 校正。数据统计结果显示（详见附表 2.1），线索类别的主效应十分显著，$F_{(1, 20)}$=18.4，$P < 0.001$（F 为 F 检验，P 为显著性水平），这说明被试对动漫形象线索颜色命名词语的反应时显著长于对明星线索颜色命名词语；被试类别的主效应不显著，$F_{(1, 20)}$=1.545，P=0.23，这说明实验组对颜色命名词语的反应时与对照组无显著差异，没有统计学意义；线索类别 × 被试类别的交互作用不显著，$F_{(1, 20)}$=0.028，P=0.869。

表 2.1 实验组被试和对照组被试颜色命名反应时

单位：ms

线索类别	实验组（样本数 =10）		对照组（样本数 =10）	
	均值	标准差	均值	标准差
动漫形象	673.81	96.444	630.71	58.113
明星	654.40	92.967	612.62	48.003

数据结果表明，实验组和对照组在线索类别上存在显著的注意差异，

实验组与对照组在被试类别上不存在显著的注意差异。无论该人是否为动漫爱好者，动漫形象相比明星能够引起人们更长时间的注意；而动漫爱好者虽然对动漫形象和明星的注意差别更大，但从统计数据上来看并不显著。

二、脑电结果与分析

（一）脑电数据记录与预处理情况

采用 Neuroscan4.5 软硬件系统，采样频率为 1000Hz，以 A2 单侧乳突为参考电极，监视单侧的垂直眼电（HEOG）和双侧的水平眼电（VEOG）。正式实验开始时各电极电阻均降到 5Ω 以下。

采用 Neuroscan4.5 软硬件系统，对采集到的 ERP 数据进行以下几个步骤的预处理：

①对数据进行 DC 校正，去除直流漂移；

②合并行为数据，为后期叠加反应时、正确率做准备；

③对脑电数据进行预览，剔除明显漂移的脑电数据，并去除眼电造成的伪迹；

④对脑电数据进行分段，根据刺激间隔设置分段的长度为前 200ms 到 1800ms；

⑤对脑电基线（baseline）进行校正；

⑥去除由被试汗迹、抖动等造成的脑电伪迹，最小值和最大值设定为 $-100\mu V$ 和 $100\mu V$；

⑦对脑电信号进行数字滤波，选择的低通为波段强度 24dB/oct；

⑧对两种事件类型叠加平均，得到两种事件类型的 ERP。

（二）ERP 脑电地形图分析

图 2.2 显示了基于动漫形象线索的 ERP 脑电地形图。能够看到，以

颞叶为主的区域有明显的激活，且在多个电位诱发了明显的 N1、P170、N270、N430 和 LPP 成分。

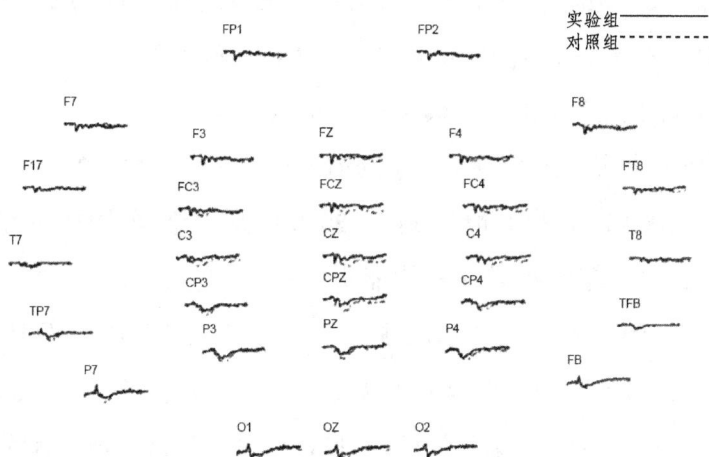

图 2.2　基于动漫形象线索的 ERP 脑电地形图

与图 2.2 相似，图 2.3 展示了基于明星线索的 ERP 脑电地形图，能够看到，以颞叶为主的区域有明显的激活，且在多个电位诱发了 P170、N270、N430 和 LPP 成分。

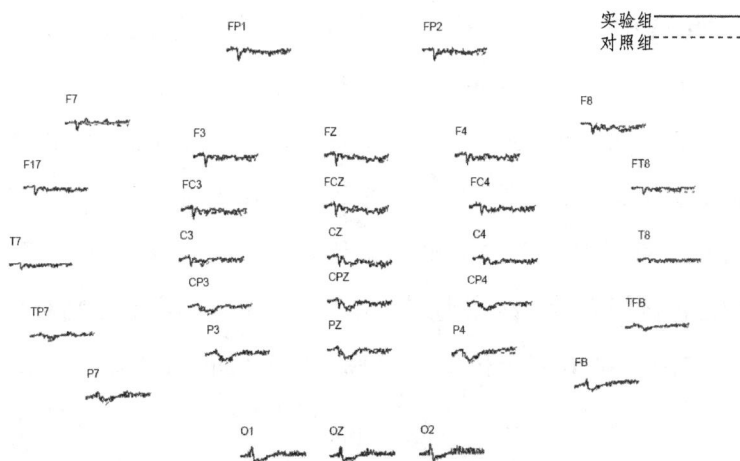

图 2.3　基于明星线索的 ERP 脑电地形图

（三）实验组与对照组的 ERP 比较

本研究电极的选取参考了 Lu 在 2013 年所做的卡通面孔分类与识别的 ERP 比较研究，他在研究中考察的 ERP 脑电数据有 N170 成分（T5、T6 电位）、VPP 成分（Cz 电位）和 LPP 成分（F3、Fz、F4、FC3、FCz、FC4、C3、Cz、C4、P3、Pz、P4、O1、Oz 与 O2 电位）。

以往研究发现，感情色彩汉字的内隐加工（王一牛，2007）、面孔识别（吴文，2004）、疼痛共情（翁娟，2010）、对思维僵局的早期觉察（沈汪兵 等，2012）等的刺激线索均能引发 P170 成分。Brown 等人（2012）的研究表明，晚期的正电位（LPP）产生于受视觉刺激的情感强度调制的皮层区，他们研究了 LPP 振幅之间的关系，随后进行了听觉灵敏度非情绪刺激和视觉皮层的兴奋性刺激实验，P1/N1 组件就是这种刺激诱发的反应。感觉灵敏度不会受到由 LPP 调制引起的不愉快的刺激影响。研究结果表明，LPP 能反映一个全脑的抑制活性的视觉皮层，存在于处理相关联的情感刺激活性的选择性上。

（1）0～1800ms 的脑区激活情况

图 2.4、2.5、2.6、2.7 是实验组和对照组在不同线索类别下的 2D 脑电地形图。根据 ERP 脑电地形图和前人经验，本实验主要比较 F3、Fz、F4、C3、Cz、C4、P3、Pz、P4 共 9 个电位的 ERP 结果，利用 SPSS 17.0 进行数据统计处理，对 0～1800ms 时间窗的 LPP 振幅进行 2 种线索类别（动漫形象和明星）×2 种被试类别（动漫爱好者和非动漫爱好者）重复测量的方差分析，统计结果为非球性时采用 Greenhouse-Geisser 校正。其中，被试类别是被试间变量，线索类别是被试内变量。本实验分别对 9 个电位的 P170、N270、N430 成分和 0～1800ms 时间窗的 LPP 值进行分析。

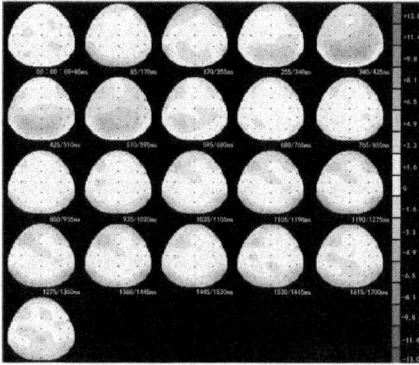

图 2.4　实验组基于动漫线索
0 ～ 1800ms 脑电地形图

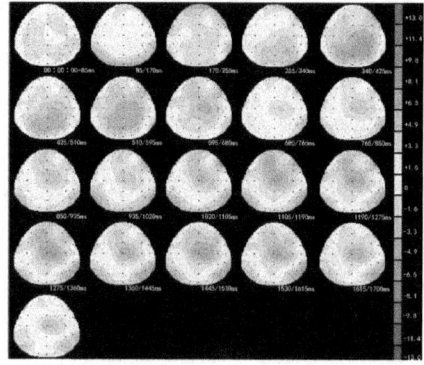

图 2.5　实验组基于明星线索
0 ～ 1800ms 脑电地形图

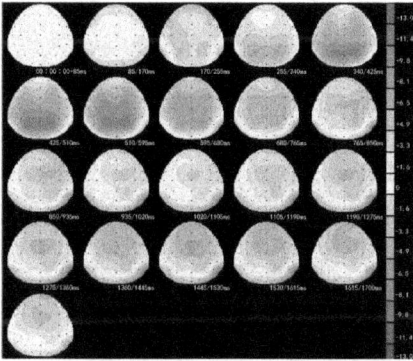

图 2.6　对照组基于动漫线索
0 ～ 1800ms 脑电地形图

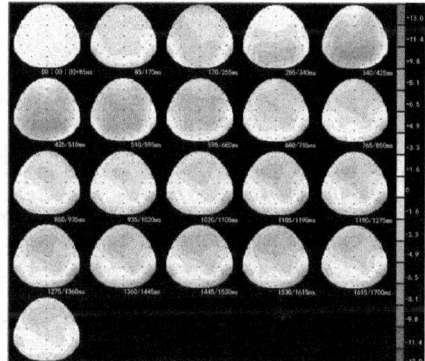

图 2.7　对照组基于明星线索
0 ～ 1800ms 脑电地形图

（2）分电位的脑电成分分析

①前额叶位置 F3。图 2.8 显示了两组被试对两种线索类别的 5 种脑电成分在 F3 位置的波形。

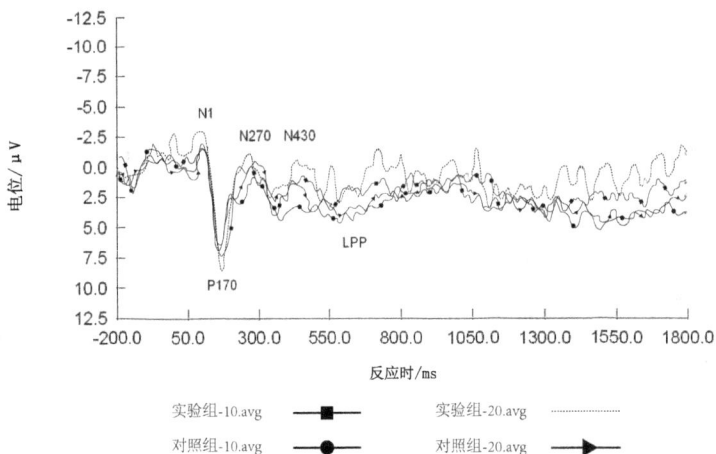

图 2.8　F3 电位 ERP 成分

　　线索类别对 F3 电位 P170 振幅的主效应不显著，$F(1, 20)$ =0.515，P=0.482；被试类别对 F3 电位 P170 振幅的主效应不显著，$F(1, 20)$ =0.771，P=0.391；线索类别 × 被试类别交互作用不显著，$F(1, 20)$ =1.495，P=0.237（详见附表 2.2）。说明实验组和对照组在不同线索条件下 P170 振幅没有显著差异。[①]

　　线索类别对 F3 电位 N270 振幅的主效应显著，$F(1, 20)$ =6.836，P=0.018；被试类别对 F3 电位 N270 振幅的主效应不显著，$F(1, 20)$ =0.408，P=0.531；线索类别 × 被试类别交互作用不显著，$F(1, 20)$ =0.212，P=0.651（详见附表 2.3）。说明动漫线索和明星线索在被试内条件下 N270 振幅有显著差异，明星线索引起 F3 电位的 N270 成分显著大于动漫线索引起 F3 电位的 N270 成分。

　　线索类别对 F3 电位 N430 振幅的主效应临界显著，$F(1, 20)$ =4.168，P=0.056；被试类别对 F3 电位 N430 振幅的主效应不显著，$F(1, 20)$ =1.276，P=0.273，N430 值差异不显著；线索类别 × 被试类别

————————

① 图2.8至图2.16中，10.avg代表动漫线索，20.avg代表明星线索，以下不再重复交代。

交互作用不显著，$F(1, 20)=0.147$，$P=0.706$（详见附表2.4）。说明动漫线索和明星线索在被试内条件下N430振幅有显著差异，明星线索引起F3电位的N430成分临界显著大于动漫线索引起F3电位的N430成分。

线索类别对F3电位LPP振幅的主效应不显著，$F(1, 20)=1.654$，$P=0.215$；被试类别对F3电位LPP振幅的主效应不显著，$F(1, 20)=1.210$，$P=0.286$；线索类别 × 被试类别交互作用不显著，$P(1, 20)=0.013$，$P=0.909$（详见附表2.5）。说明实验组和对照组在不同线索条件下LPP振幅没有显著差异。

② 前额叶位置Fz。图2.9显示了两组被试对两种线索类别的5种脑电成分在Fz位置的波形。

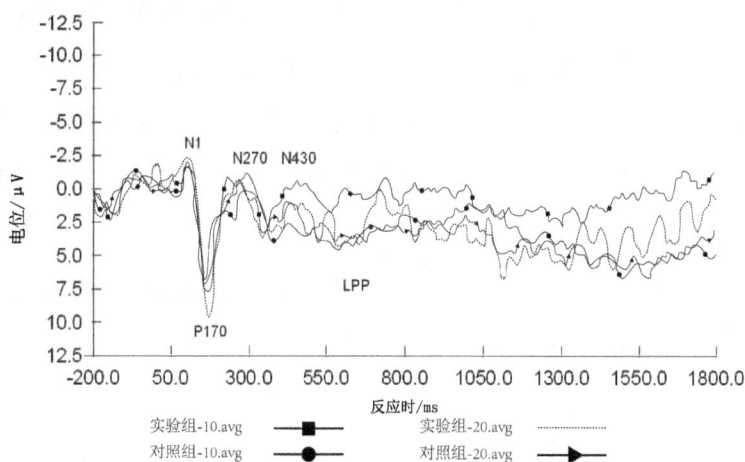

图 2.9　Fz 电位 ERP 成分

线索类别对Fz电位P170振幅的主效应不显著，$F(1, 20)=0.988$，$P=0.333$；被试类别对Fz电位P170振幅的主效应不显著，$F(1, 20)=0.963$，$P=0.339$；线索类别 × 被试类别交互作用不显著，$F(1, 20)=0.756$，$P=0.396$（详见附表2.6）。说明实验组和对照组在不同线索条件下P170振幅没有显著差异。

线索类别对 Fz 电位 N270 振幅的主效应不显著，$F(1, 20)$ =2.772，P=0.113；被试类别对 F3 电位 N270 振幅的主效应不显著，$F(1, 20)$=0.374，P=0.549；线索类别 × 被试类别交互作用不显著，$F(1, 20)$=0.576，P=0.458（详见附表 2.7）。说明实验组和对照组在不同线索条件下 N270 振幅没有显著差异。

线索类别对 Fz 电位 N430 振幅的主效应不显著，$F(1, 20)$ =0.118，P=0.736；被试类别对 F3 电位 N430 振幅的主效应不显著，$F(1, 20)$=1.317，P=0.266；线索类别 × 被试类别交互作用不显著，$F(1, 20)$=0.552，P=0.467（详见附表 2.8）。说明实验组和对照组在不同线索条件下 N430 振幅没有显著差异。

线索类别对 Fz 电位 LPP 振幅的主效应不显著，$F(1, 20)$ =1.496，P=0.237；被试类别对 Fz 电位 LPP 振幅的主效应不显著，$F(1, 20)$=1.442，P=0.245；线索类别 × 被试类别交互作用不显著，$F(1, 20)$=1.607，P=0.221（详见附表 2.9）。说明实验组和对照组在不同线索条件下 LPP 振幅没有显著差异。

③前额叶位置 F4。图 2.10 显示了两组被试对两种线索类别的 5 种脑电成分在 F4 位置的波形。

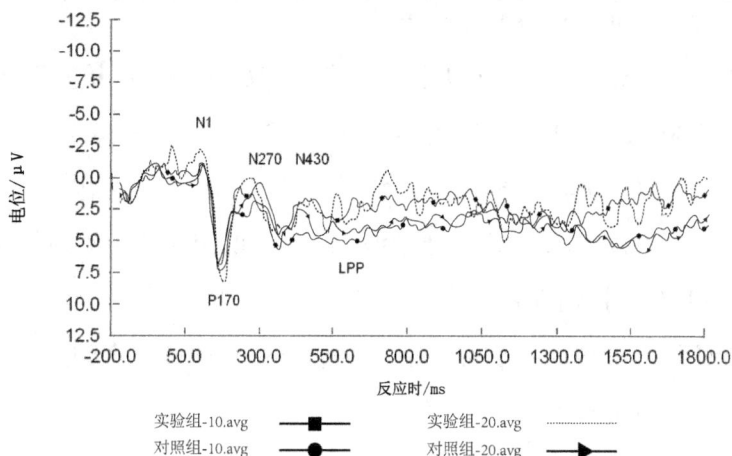

图 2.10　F4 电位 ERP 成分

线索类别对 F4 电位 P170 振幅的主效应不显著，$F(1, 20)$=0.295，P=0.594；被试类别对 F4 电位 P170 振幅的主效应不显著，$F(1, 20)$=0.791，P=0.385；线索类别 × 被试类别交互作用不显著，$F(1, 20)$=0.616，P=0.443（详见附表 2.10）。说明实验组和对照组在不同线索条件下 P170 振幅没有显著差异。

线索类别对 F4 电位 N270 振幅的主效应显著，$F(1, 20)$=5.555，P=0.300；被试类别对 F4 电位 N270 振幅的主效应不显著，$F(1, 20)$=0.684，P=0.419；线索类别 × 被试类别交互作用不显著，$F(1, 20)$=0.128，P=0.724（详见附表 2.11）。说明动漫线索和明星线索在被试内条件下 N270 振幅有显著差异，明星线索引起 F4 电位的 N270 成分显著大于动漫线索引起 F4 电位的 N270 成分。

线索类别对 F4 电位 N430 振幅的主效应不显著，$F(1, 20)$=1.282，P=0.272；被试类别对 F4 电位 N430 振幅的主效应不显著，$F(1, 20)$=1.075，P=0.314；线索类别 × 被试类别交互作用不显著，$F(1, 20)$=0.236，P=0.633（详见附表 2.12）。说明动漫线索和明星线索在被试内条件下 N430 振幅没有显著差异。

线索类别对 F4 电位 LPP 振幅的主效应不显著，$F(1, 20)$ =0.176，P=0.680；被试类别对 F4 电位 LPP 振幅的主效应不显著，$F(1, 20)$=1.573，P=0.226；线索类别 × 被试类别交互作用不显著，$F(1, 20)$=0.000，P=0.983（详见附表 2.13）。说明实验组和对照组在不同线索条件下 LPP 振幅没有显著差异。

④中央区 C3 电位。图 2.11 显示了两组被试对两种线索类别的 5 种脑电成分在 C3 位置的波形。

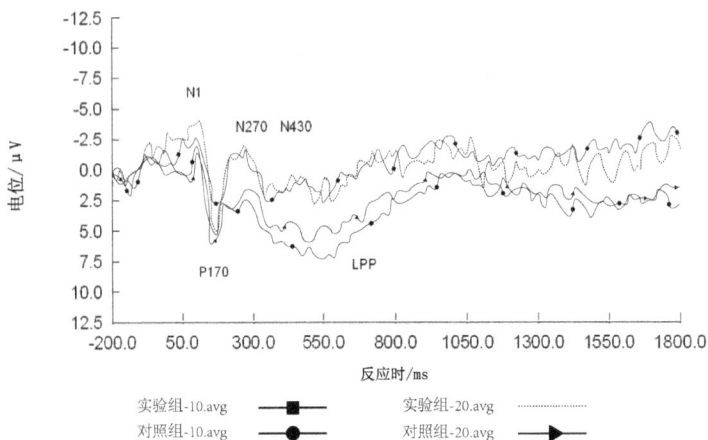

图 2.11　C3 电位 ERP 成分

线索类别对 C3 电位 P170 振幅的主效应不显著，$F(1, 20)$ =1.840，P=0.192；被试类别对 C3 电位 P170 振幅的主效应不显著，$F(1, 20)$=0.472，P=0.501；线索类别 × 被试类别交互作用不显著，$F(1, 20)$=1.684，P=0.211（附表 2.14）。说明实验组和对照组在不同线索条件下 P170 振幅没有显著差异。

线索类别对 C3 电位 N270 振幅的主效应不显著，$F(1, 20)$= 1.825，P=0.193；被试类别对 C3 电位 N270 振幅的主效应不显著，

F（1，20）=3.376，P=0.083；线索类别 × 被试类别交互作用不显著，F（1，20）=2.483，P=0.133（详见附表 2.15）。说明实验组和对照组在不同线索条件下 N270 振幅没有显著差异。

线索类别对 C3 电位 N430 振幅的主效应不显著，F（1，20）=0.762，P=0.394；被试类别对 C3 电位 N430 振幅的主效应临界显著，F（1，20）=3.895，P=0.064；线索类别 × 被试类别交互作用不显著，F（1，20）=0.062，P=0.806（详见附表 2.16）。说明实验组和对照组 N430 振幅有临界显著差异，对照组在 C3 电位引发的 N430 振幅大于实验组在 C3 电位引发的 N430 振幅。

线索类别对 C3 电位 LPP 振幅的主效应不显著，F（1，20）=0.424，P=0.523；被试类别对 C3 电位 LPP 振幅的主效应显著，F（1，20）=6.491，P=0.020；线索类别 × 被试类别交互作用不显著，F（1，20）=2.076，P=0.167（详见附表 2.17）。说明实验组和对照组 LPP 振幅有临界显著差异，对照组在 C3 电位引发的 LPP 振幅大于实验组在 C3 电位引发的 LPP 振幅。

⑤中央区 Cz 电位。图 2.12 显示了两组被试对两种线索类别的 5 种脑电成分在 Cz 位置的波形。

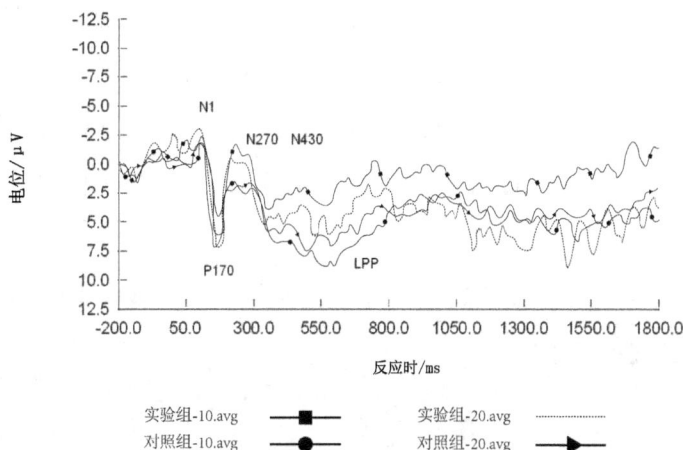

图 2.12 Cz 电位 ERP 成分

线索类别对 Cz 电位 P170 振幅的主效应不显著，$F(1, 20)$ =1.688，P=0.210；被试类别对 Cz 电位 P170 振幅的主效应不显著，$F(1, 20)$ =0.002，P=0.964；线索类别 × 被试类别交互作用不显著，$F(1, 20)$ =1.336，P=0.263（详见附表 2.18）。说明实验组和对照组在不同线索条件下 P170 振幅没有显著差异。

线索类别对 Cz 电位 N270 振幅的主效应不显著，$F(1, 20)$ =0.247，P=0.625；被试类别对 Cz 电位 N270 振幅的主效应不显著，$F(1, 20)$ =1.195，P=0.289；线索类别 × 被试类别交互作用不显著，$F(1, 20)$ =2.064，P=0.168（详见附表 2.19）。说明实验组和对照组在不同线索条件下 N270 振幅没有显著差异。

线索类别对 Cz 电位 N430 振幅的主效应不显著，$F(1, 20)$ =0.999，P=0.331；被试类别对 Cz 电位 N430 振幅的主效应临界显著，$F(1, 20)$ =3.729，P=0.069；线索类别 × 被试类别交互作用不显著，$F(1, 20)$ =0.956，P=0.341（详见附表 2.20）。说明实验组和对照组 N430 振幅有临界显著差异，对照组在 Cz 电位引发的 N430 振幅大于实验组在 Cz 电位引发的 N430 振幅。

线索类别对 Cz 电位 LPP 振幅的主效应不显著，$F(1, 20)$ =1.512，P=0.235；被试类别对 Cz 电位 LPP 振幅的主效应显著，且接近十分显著，$F(1, 20)$ =10.744，P=0.004；线索类别 × 被试类别交互作用临界显著，$F(1, 20)$ =4.169，P=0.056（详见附表 2.21）。说明实验组和对照组 LPP 振幅差异显著，对照组在 Cz 电位引发的 LPP 振幅大于实验组在 Cz 电位引发的 LPP 振幅。

⑥ 中央区 C4 电位。图 2.13 显示了两组被试对两种线索类别的 5 种脑电成分在 C4 位置的波形。

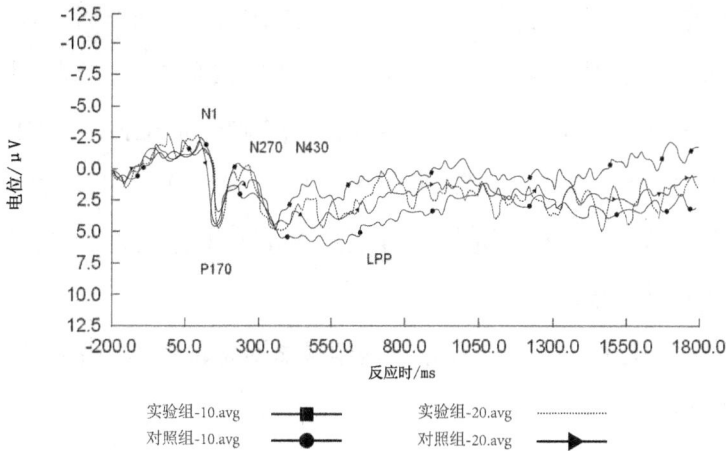

图 2.13　C4 电位 ERP 成分

线索类别对 C4 电位 P170 振幅的主效应不显著，$F(1, 20)$ =1.566，$P=0.227$；被试类别对 C4 电位 P170 振幅的主效应不显著，$F(1, 20)=0.016$，$P=0.900$；线索类别 × 被试类别交互作用不显著，$F(1, 20)=0.595$，$P=0.451$（详见附表 2.22）。说明实验组和对照组在不同线索条件下 C4 电位的 P170 振幅没有显著差异。

线索类别对 C4 电位 N270 振幅的主效应不显著，$F(1, 20)$ =0.377，$P=0.547$；被试类别对 C4 电位 N270 振幅的主效应不显著，$F(1, 20)=1.439$，$P=0.246$；线索类别 × 被试类别交互作用不显著，$F(1, 20)=0.113$，$P=0.740$（详见附表 2.23）。说明实验组和对照组在不同线索条件下 C4 电位的 N270 振幅没有显著差异。

线索类别对 C4 电位 N430 振幅的主效应不显著，$F(1, 20)$ =0.068，$P=0.797$；被试类别对 C4 电位 N430 振幅的主效应不显著，$F(1, 20)=2.207$，$P=0.155$；线索类别 × 被试类别交互作用不显著，$F(1, 20)=2.143$，$P=0.160$（详见附表 2.24）。说明实验组和对照组在不同线索条件下 C4 电位的 N430 振幅没有显著差异。

线索类别对 C4 电位 LPP 振幅的主效应不显著，$F(1, 20)$=0.319，P=0.579；被试类别对 C4 电位 LPP 振幅的主效应临界显著，$F(1, 20)$=4.072，P=0.059；线索类别 × 被试类别交互作用不显著，$F(1, 20)$=1.858，P=0.190（详见附表 2.25）。说明实验组和对照组 LPP 振幅有临界显著差异，对照组在 C4 电位引发的 LPP 振幅大于实验组在 C4 电位引发的 LPP 振幅。

⑦ 顶区 P3 电位。图 2.14 显示了两组被试对两种线索类别的 5 种脑电成分在 P3 位置的波形。

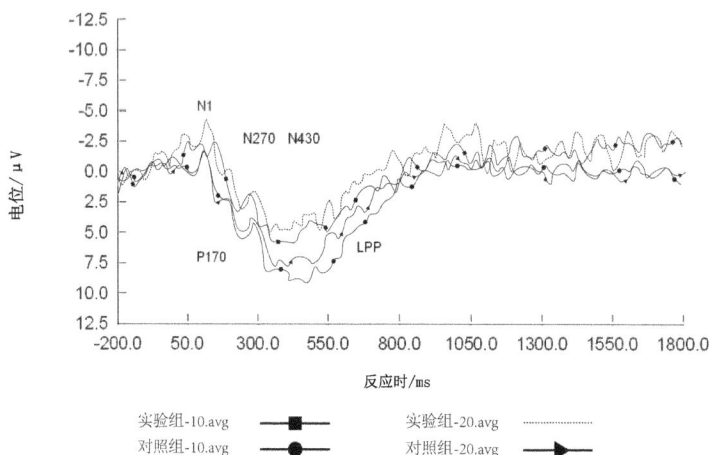

图 2.14　P3 电位 ERP 成分

线索类别对 P3 电位 P170 振幅的主效应不显著，$F(1, 20)$=2.257，P=0.150；被试类别对 P3 电位 P170 振幅的主效应不显著，$F(1, 20)$=3.344，P=0.084；线索类别 × 被试类别交互作用不显著，$F(1, 20)$=1.045，P=0.230（详见附表 2.26）。说明实验组和对照组在不同线索条件下 P3 电位的 P170 振幅没有显著差异。

线索类别对 P3 电位 N270 振幅的主效应不显著，$F(1, 20)$=0.017，P=0.898；被试类别对 P3 电位 N270 振幅的主效应不显著，

$F_{(1, 20)}$=2.320，P=0.145；线索类别 × 被试类别交互作用不显著，$F_{(1, 20)}$=0.022，P=0.884（详见附表2.27）。

线索类别对P3电位N430振幅的主效应不显著，$F_{(1, 20)}$=0.738，P=0.402；被试类别对P3电位N430振幅的主效应临界显著，$F_{(1, 20)}$=4.434，P=0.050；线索类别 × 被试类别交互作用不显著，$F_{(1, 20)}$=1.214，P=0.285（详见附表2.28）。说明在被试内条件下动漫线索对P3电位N430振幅大于明星线索对P3电位N430振幅。

线索类别对P3电位LPP振幅的主效应不显著，$F_{(1, 20)}$=1.894，P=0.186；被试类别对P3电位LPP振幅的主效应显著，$F_{(1, 20)}$=5.433，P=0.032；线索类别 × 被试类别交互作用不显著$F_{(1, 20)}$=0.128，P=0.725（详见附表2.29）。说明对照组P3电位的LPP振幅大于实验组P3电位的LPP振幅。

⑧顶区Pz电位。图2.15显示了两组被试对两种线索类别的5种脑电成分在Pz位置的波形。

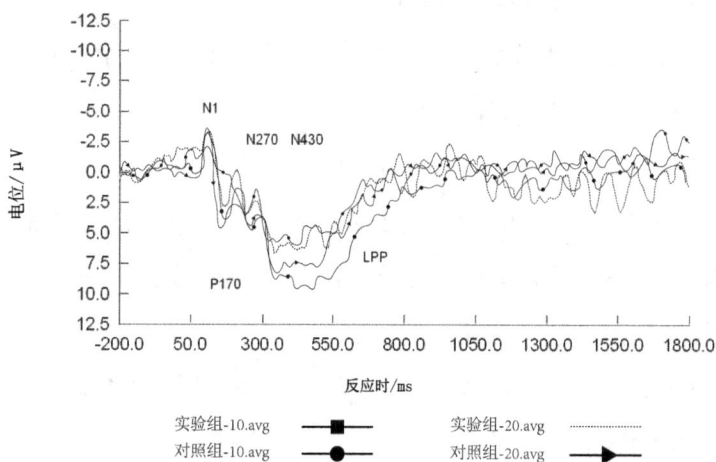

图 2.15　Pz 电位 ERP 成分

线索类别对 Pz 电位 P170 振幅的主效应不显著，$F(1, 20)$ =2.579，P=0.126；被试类别对 Pz 电位 P170 振幅的主效应不显著，$F(1, 20)$=2.450，P=0.135；线索类别 × 被试类别交互作用不显著，$F(1, 20)$=1.389，P=0.254（详见附表 2.30）。说明实验组和对照组在不同线索条件下 Pz 电位的 P170 振幅没有显著差异。

线索类别对 Pz 电位 N270 振幅的主效应不显著，$F(1, 20)$=0.368，P=0.551；被试类别对 Pz 电位 N270 振幅的主效应不显著，$F(1, 20)$=1.016，P=0.327；线索类别 × 被试类别交互作用不显著，$F(1, 20)$=0.872，P=0.363（详见附表 2.31）。说明实验组和对照组在不同线索条件下 Pz 电位的 N270 振幅没有显著差异。

线索类别对 Pz 电位 N430 振幅的主效应不显著，$F(1, 20)$=0.150，P=0.703；被试类别对 Pz 电位 N430 振幅的主效应不显著，$F(1, 20)$=3.368，P=0.083；线索类别 × 被试类别交互作用不显著，$F(1, 20)$=0.020，P=0.890（详见附表 2.32）。说明实验组和对照组在不同线索条件下 Pz 电位的 N430 振幅没有显著差异。

线索类别对 Pz 电位 LPP 振幅的主效应不显著，$F(1, 20)$ =0.484，P=0.495；被试类别对 Pz 电位 LPP 振幅的主效应临界显著，$F(1, 20)$=3.908，P=0.064；线索类别 × 被试类别交互作用不显著，$F(1, 20)$=1.802，P=0.196（详见附表 2.33）。说明实验组和对照组 LPP 振幅在 Pz 电位有临界显著差异，对照组在 Pz 电位引发的 LPP 振幅大于实验组在 Pz 电位引发的 LPP 振幅。

⑨顶区 P4 电位。图 2.16 显示了两组被试对两种线索类别的 5 种脑电成分在 P4 位置的波形。

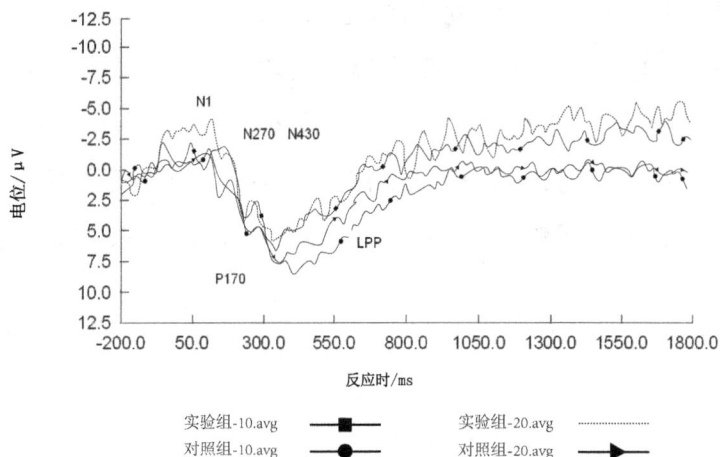

图 2.16 P4 电位 ERP 成分

线索类别对 P4 电位 P170 振幅的主效应不显著，$F_{(1, 20)}$=1.239，P=0.280；被试类别对 P4 电位 P170 振幅的主效应不显著，$F_{(1, 20)}$=3.046，P=0.098；线索类别 × 被试类别交互作用不显著，$F_{(1, 20)}$=0.273，P=0.607（详见附表 2.34）。说明实验组和对照组在不同线索条件下 P4 电位的 P170 振幅没有显著差异。

线索类别对 P4 电位 N270 振幅的主效应不显著，$F_{(1, 20)}$=0.413，P=0.529；被试类别对 P4 电位 N270 振幅的主效应不显著，$F_{(1, 20)}$=1.595，P=0.223；线索类别 × 被试类别交互作用不显著，$F_{(1, 20)}$=0.039，P=0.846。说明实验组和对照组在不同线索条件下 P4 电位的 N270 振幅没有显著差异（详见附表 2.35）。

线索类别对 P4 电位 N430 振幅的主效应不显著，$F_{(1, 20)}$=0.744，P=0.400；被试类别对 P4 电位 N430 振幅的主效应不显著，$F_{(1, 20)}$=3.623，P=0.073；线索类别 × 被试类别交互作用不显著，$F_{(1, 20)}$=0.000，P=0.999（详见附表 2.36）。说明实验组和对照组在不同线索条件下 P4 电位的 N430 振幅没有显著差异。

　　线索类别对P4电位LPP振幅的主效应不显著,$F_{(1, 20)}=0.767$, $P=0.393$;被试类别对P4电位LPP振幅的主效应显著,$F_{(1, 20)}=5.761$, $P=0.027$;线索类别×被试类别交互作用不显著,$F_{(1, 20)}=0.309, P=0.585$(详见附表2.37)。说明实验组和对照组LPP振幅有临界显著差异,对照组在P4电位引发的LPP振幅大于实验组在P4电位引发的LPP振幅。

第四节　小　结

行为数据表明，被试对动漫形象线索类别（被试内变量）存在显著的注意差异，实验组与对照组在被试类别（被试间变量）上不存在显著的注意差异。动漫形象相比明星能够引起人们更长时间的注意，无论其是否为动漫爱好者，而动漫爱好者虽然对动漫形象和明星的注意更多，但从统计数据上看并不显著。

脑电数据表明，通过情绪 Stroop 实验能诱发出被试 N1、P170、N270、N430 和 LPP 五种脑电成分。

N1 成分的产生说明引起了注意的显著影响，表现为幅值的增强。无论是动漫形象还是明星都能显著地引起被试的注意。

P170 成分在 F 区幅值的绝对值较大。在快速注意方面，动漫爱好者和非动漫爱好者之间没有显著差异，这与反应时行为数据结果一致。

N270 成分在 F3、F4 电位的被试内线索差异比较显著，在其他电位无显著差异。实验结果表明，动漫形象线索诱发的 N270 幅值较小，而明星线索诱发的 N270 幅值较大。

N430 成分在 C 区幅值最大。被试类别对 N430 振幅在 C3、Cz 电位有临界显著差异，对照组在 C3、Cz 电位引发的 N430 振幅大于实验组在 C3、Cz 电位引发的 N430 振幅。在被试内条件下，动漫形象线索对 F3、P3 电位引发的 N430 振幅大于明星线索对 F3、P3 电位引发的 N430 振幅。

LPP 成分在 P 区幅值最大，C 区为临界显著，F 区次之。C3、Cz、C4 电位的被试类别主效应显著，对照组在 P3 电位的 LPP 振幅大于实验组在 P3 电位的 LPP 振幅；被试类别对 LPP 振幅在 Pz 电位有临界显著差异，在 P4 电位有显著差异。实验组在 C3、Cz、C4、Pz、P4 电位诱发的 LPP 振幅小于对照组所引发的 LPP 振幅。LPP 成分反映了情感唤醒和持续注意的资源分配过程。说明相对于动漫爱好者（实验组），非动漫爱好者（对照组）对动漫形象或明星会产生更大、更持久的情绪唤起。动漫形象与明星线索类别并未在任一电位对 LPP 振幅造成差异。

以往情绪的 ERP 研究都是利用面孔刺激来引发被试的情绪 ERP 成分。令人惊奇的是，本研究利用情绪 Stroop 范式，仅通过刺激词语就能引发出 LPP 等与情绪相关的 ERP 成分，可见动漫形象和明星都能唤起人们较为强烈的情绪反应。

第三章　动漫形象与明星代言
效果的情绪研究

第一节　引　言

一、流行文化"恋机器人癖"与"初音热"

Gilson（1998）认为日本与西方国家将机器人视作可怕形象的情形不同，日本自20世纪50年代以来流行的文化中有明显的"恋机器人癖"（robophilia）。二战后，机器人角色被赋予拯救日本社会的重任，有其特殊的文化背景和历史原因。日本著名机器人学家加藤一郎（Ichiro Kato）曾富有激情地写道："日本机器人技术将改变全世界。"（Frederick，1988）幻想中的机器人能以各种形式表现日本各个领域的技术发展。机器人角色有的被塑造为人类形象，如铁臂阿童木（Mighty Atom），或者是看护人类的超级宠物哆啦A梦；Combattara和铁甲万能侠（Mazinger Z）表现了可组装的、具有延展性的人机交互形态；机动战士高达（Gundam）则表现了将机器人作为武器。1996年流行的机器人特定系列，如"新世纪福音战士"进一步推动了机器人概念，动漫中暗示机器人有着神圣起源，是人类生理及机械上的衍生。1996年推出的虚拟偶像伊达杏子(Kyoko Date)，集人们心目中的偶像优点于一身。在2008年3月日本外务省举行的全球推广日本文化活动中，广受欢迎的"哆啦A梦"甚至被日本外务省指定为"动画文化大使"（Wagner，2009）。

诞生于2007年的初音未来（初音ミク，Hatsune Miku）是全球有史以来第一个真正意义上的虚拟偶像（见图3.1）。她起初只是Crypton Future Media以Yamaha的Vocaloid 2语音合成的拟人化角色，后来衍生出相应的动漫和游戏形象。插画家以动漫风格设计了初音未来的人物形象并进行绘画，连载之后收到热烈反馈。相比之前日本创造出的虚拟偶像而言，初音未来是一个独特的存在，她是第一个拥有自己声音的虚拟偶像，形象火爆使得粉丝具有前所未有的卷入度，并且她能在互联网实现视频分享，形成虚拟社区，因此其在全球范围迅速走红（濱崎雅弘 等，2010）。截至2012年3月，初音未来在日本本土举办3D全息投影演唱会24场，在中国为台湾7场，香港2场，上海1场（後藤真孝，2012）。虚拟偶像走入现实，给社会带来了强烈震撼。

图 3.1　初音未来形象

对与日本历史、文化语境不同的中国的观众来说，铁臂阿童木、高达、哆啦A梦释放出了同样强大的魅力。2013年4月28日到6月16日，在距离哆啦A梦首次在中国播放22年之后，上海地标性区域新天地举行了"100哆啦A梦秘密道具博览"，并举办了丰富的售卖活动，100个身高为120cm的、形态各异的哆啦A梦在新天地沿街列队，吸引了数以万计从全国各地赶来的哆啦A梦迷们（见图3.2）；就在同年9月29日至10月6日，号称中国动漫之都的杭州又在机场路与全福桥路举办了50个身高为120cm的哆啦A梦展。一年之内，在两个相隔不到200公里的城市大规模办展两次，足见这位虚拟动漫形象受欢迎程度之高。如前所述，初音未来在中国共进行了10场演唱会，这位"虚拟明星"劲头十足，完全不亚于真人明星的号召力。

图 3.2　2013 上海哆啦 A 梦展

图片来源：上海哆啦 A 梦展 [EB/OL].（2016-03-10）. http://baike.baidu.com/link?url=Oib-uUQHAXtdlR1pq9VAWSygotkY-rghcwaNEfFotXNgicuFqhEkLk225RWaRy2Hy-aaOpHtVobdj89QAHjD9_.

初音未来的号召力不局限于音乐爱好者和热衷于分享音乐视频的年轻人，其随后还成功代言了日本一家全球著名的汽车企业与一家全球知名的互联网企业，广告在日本、中国与北美等国家和地区投放，这也进一步引发了学者对"初音现象"的深层思考。广告投放效果究竟如何？已有的文献并没有给我们提供答案，新的技术手段或许能告诉我们一些从未发现的事实。

二、EEG 技术与情绪测量

在神经经济学的一系列研究中，均证实了与情绪相关的脑部区域在人类决策过程中起着重要的作用，如作为人类决策的非理性方式。对框架效应的研究表明，脑部杏仁核的活动与该效应有密切的联系，这表明情绪在调节决策偏向中起着重要的作用（马英 等，2009）。过去的研究表明，消费者会有一种"了悟感觉"体验，虽然在口头的测量中他们无法清晰地追踪记忆，但无意识过程通常会影响人类的机能运作（Winkielman et al., 2004；Kenning et al., 2007；Zajonc et al., 1992；Zaltman et al., 2000；Zaltman，2003）。科学证明，我们的"意识窗口"会在接受刺激300ms后起作用，这意味着在小于这个"意识窗口"时间时，大脑无法通过语言进行报告（Libet，2004），但是这种事件反应是可以通过测量被试的大脑反应和其他生理反应来获得数据的（Ambler et al., 2004; Bechara, 2004; Bechara et al., 1994; Winkielman et al., 2004; Posner et al., 2004; Ganis et al., 2007）。Davidson（2003）对 EEG 信号进行研究后认为，α 波段的不对称性有着个性特质，左侧半球激活升高的个体通常会使用更积极的反应方式，而那些右侧半球激活升高的个体倾向用消极的反应方式。Ohme（2009）利用左、右脑的 α 波对比，对消费者大脑进行大量研究实践后也验证了 Davidson 理论的可靠性。

过去的研究有对比过平面广告中人类代言和动漫形象代言的差异，但从研究方法来看，鲜见用 EEG 测量左、右脑 α 波能量值的方法来研究动漫形象代言视频广告的效果。一方面，该方法源于对更加客观和真实的数据的追求，依赖于对 EEG 测量手段的熟悉度；另一方面，该方法源于对动漫形象代言效果的实际测量的关注，而非长期停留在原则性的述说或口头报告中。本章的研究使用 EEG 测量被试在观看视频广告时左、右脑 α 波能量值的差异比值，以秒为单位考察人脑在观看视频中的真实反应，不仅可以最大程度上精确对广告效果和品牌效果的具体感知，同时还可以精确地测量人脑对于视频广告中所出现的品牌感知的情绪效果。通过实验组和对照组的对比分析，可以测量动漫爱好者对动漫形象的偏好与对品牌偏好的迁移效果。

第二节 方 法

实验采取被试间设计，动漫爱好者构成实验组，非动漫爱好者构成对照组。通过采集被试的 EEG 脑电信号，分析被试左、右脑前额叶 2 个电位（F3，F4）的 α 波能量比值（F4–F3）/（F4+F3），得到被试左脑 α 波相对活跃程度。

一、被 试

按照 EEG 实验的惯例和规范共招募了超过 12 名被试。由 10 名大学生动漫爱好者构成实验组，10 名大学生非动漫爱好者构成对照组，被试平均年龄为 22 岁（M=22.2，SD=1.99）。20 名大学生被试裸眼或矫正视力均达到 5.0 以上，色觉正常。被试均为右利手，无既往精神病史。所有被试对汽车品牌与汽车价格均不熟悉。

二、实验材料与设备

实验所使用的刺激材料是某汽车品牌的两则视频广告。如图 3.3 所示，视频 1 中出现了知名动漫形象初音未来，伴有音乐，时长为 48 秒，该广告曾在日本、中国、北美等国家和地区投放；如图 3.4 所示视频 2 中出现了明星蔡依林，伴有音乐和舞蹈，时长为 35 秒，该广告曾在中国台湾投放。初音未来与蔡依林同属于年轻活泼的女性形象，两则广告的表现手法也比较类似。

图 3.3　视频 1 中的动漫形象

图 3.4　视频 2 中的明星形象

　　实验由两台联想双核计算机控制。脑电信号采集使用 Neuroscan 4.5 软硬件系统，脑电信号放大器的型号是 SynAmps2，选用了 Quik-Cap 32 导电极帽，脑电实验程序用 E-prime 2.0 编写并呈现刺激材料，刺激材料用 21 寸屏幕呈现给被试，刷新频率为 75Hz。被试眼睛与屏幕的距离为 50cm，视频的分辨率统一为 512 像素 × 288 像素。每个视频播放两遍，按照"ABBA"的原则对视频的播放顺序进行了平衡，每个视频结束后会有 5000ms 的黑屏时间静息。

第三节　结果与分析

一、脑电数据记录与预处理情况

采用 Neuroscan 4.5 软件，A/D 采样频率为 1000Hz。以 A2 单侧乳突为参考电极，监视单侧的垂直眼电（HEOG）和双侧的水平眼电（VEOG）。正式实验开始时，各电极电阻均降到 5Ω 以下。

采用 Neuroscan 4.5 软件，对采集到的 EEG 数据进行了以下几个步骤的预处理：

①对数据进行校正，去除直流漂移；

②对脑电数据进行预览，剔除明显漂移的脑电数据，并去除垂直眼电造成的伪迹。

采用 MATLAB 软件，导入 Fieldtrip 工具箱对前额叶 F3，F4 电位的脑电数据进行左、右脑电位 α 波能量比值分析，设定波段为 8 ～ 13Hz，以秒为单位，将每秒数据进行 α 波能量比值运算（F4–F3）/（F4+F3），计算出前额叶 6 个电位的 α 波能量比值。比值越大（大于 1），说明前额叶左脑 α 波优势越明显，即说明个人对刺激的情绪反应越好。本研究中将 α 波能量比值（F4–F3）/（F4+F3）命名为情绪指数，以下数据分析同。

二、实验组与对照组 EEG 比较

（一）动漫线索视频 1 的情绪指数分析

（1）整体情况

图 3.5 为被试类别观看视频 1 每秒的情绪指数示意图。图中横轴代表时间，每一格为一秒；纵轴是情感指数。图中用椭圆形虚线标出了被试类别的情绪指数具有显著差异的三个时间点（第 19 秒、第 43 秒和第 47 秒）。

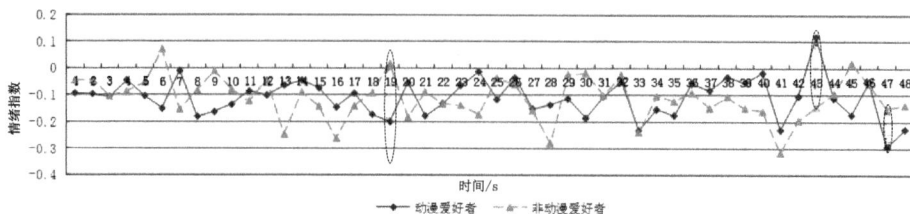

图 3.5　被试类别观看视频 1 每秒的情绪指数

用 SPSS 17.0 对数据进行逐秒的独立样本 t 检验（详见附表 3.1），计算组内每秒情绪指数均值和标准差，得出在 3 个时间点上被试间差异显著或准显著（详见表 3.1）。数据结果显示，第 19 秒被试类别的情绪指数差异显著，t（18）=-2.152，P=0.045，对照组在第 19 秒视频内容的情绪指数均值为 0.016，显著高于实验组的情绪指数 -0.120。第 43 秒被试类别差异显著，t（18）=2.634，P=0.017，对照组对第 43 秒视频内容的情绪指数均值为 -0.144，显著低于实验组的情绪指数 0.118，第 43 秒也是实验组在整个观看视频过程中的情绪最高点。第 47 秒被试类别临界显著，t（18）=-1.944，P=0.068。对照组对第 47 秒视频内容的情绪指数均值为 -0.150，临界显著大于实验组的情绪指数 -0.293。

表 3.1　视频 1 第 19 秒、第 43 秒和第 47 秒的情绪指数计算数据

时间	被试类别	样本数	均值	标准差
第 19 秒	实验组	10	−0.120	0.225
	对照组	10	0.016	0.223
第 43 秒	实验组	10	0.118	0.206
	对照组	10	−0.144	0.238
第 47 秒	实验组	10	−0.293	0.139
	对照组	10	−0.150	0.185

（2）出现品牌商标时的情绪指数

表 3.2 是被试类别对视频 1 中出现品牌商标时的情绪指数计算数据。对被试类别在第 1 秒、第 2 秒、第 45 秒、第 46 秒、第 47 秒进行独立样本 t 检验（详见附表 3.2），第 1 秒出现商标时，实验组的情绪指数均值为 -0.094，对照组为 -0.046，被试类别对情绪指数差异不显著，$t（12.490）=-0.563$，$P=0.580$；第 2 秒出现商标时，实验组的情绪指数均值为 -0.098，对照组为 -0.044，被试类别对情绪指数差异不显著，$t（18）=-0.711$，$P=0.486$；第 45 秒出现商标时，实验组的情绪指数均值为 -0.173，对照组为 0.018，被试类别对情绪指数差异不显著，$t（18）=-1.619$，$P=0.123$；第 46 秒出现商标时，实验组的情绪指数均值为 -0.050，对照组为 -0.058，被试类别对情绪指数差异不显著，$t（18）=0.070$，$P=0.945$。第 47 秒出现商标时，实验组的情绪指数均值为 -0.292，对照组为 -0.150，被试类别对情绪指数差异临界显著，$t（18）=-1.944$，$P=0.068$。

表 3.2 被试类别在视频 1 中出现品牌商标时的情绪指数计算数据

时间	被试类别	样本数	均值	标准差
第 1 秒	实验组	10	-0.094	0.110
	对照组	10	-0.046	0.245
第 2 秒	实验组	10	-0.098	0.168
	对照组	10	-0.044	0.169
第 45 秒	实验组	10	-0.173	0.292
	对照组	10	0.018	0.231
第 46 秒	实验组	10	-0.050	0.309
	对照组	10	-0.058	0.183
第 47 秒	实验组	10	-0.292	0.139
	对照组	10	-0.150	0.185

（3）情绪高点

如图 3.6 所示，实验组情绪指数最高的三个时间点依次是第 43 秒、第 7 秒和第 24 秒。第 43 秒时画面为初音在舞台上载歌载舞、台下粉丝欢呼，7 秒时画面为汽车驶入隧道（有品牌商标），第 24 秒时画面为汽车打转向灯并转向镜头方向。

第43秒　　　　　　　　　第7秒　　　　　　　　　第24秒

图 3.6　实验组对视频 1 情绪指数最高的三个时间点镜头

如图 3.7 所示，对照组情绪指数最高的三个时间点依次是第 6 秒、第 45 秒和第 19 秒。第 6 秒时画面为仰拍汽车右半车身并出现商标，第 45 秒时画面为品牌商标和广告语，第 19 秒时画面为汽车行驶并打闪光灯。

第6秒　　　　　　　　　第45秒　　　　　　　　　第19秒

图 3.7　对照组对视频 1 情绪指数最高的三个时间点镜头

（二）明星线索视频 2 的情绪指数分析

与视频 1 的分析类似，下面对视频 2 进行整体情况、品牌出现时的情绪指数和情绪最高点进行定性和定量分析。

（1）整体情况

图 3.8 为实验组和对照组观看视频 2 每秒的情绪指数情况。图中横轴代表时间，每一格为一秒，纵轴是情感指数。图中用椭圆形虚线标出了

被试类别的情绪指数具有显著差异的三个时间点（第 7 秒、第 22 秒和第 25 秒）。

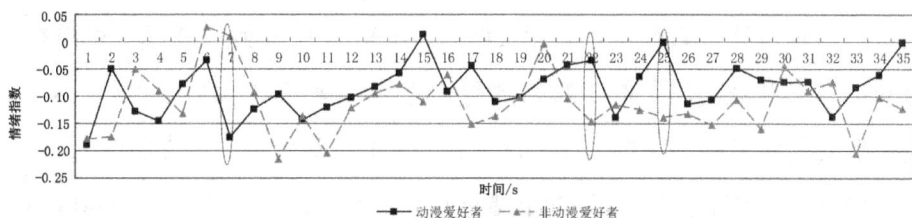

图 3.8　被试类别观看视频 2 每秒的情绪指数

用 SPSS 17.0 对数据进行逐秒的独立样本 t 检验（详见附表 3.3），计算组内每秒情绪指数均值和标准差。表 3.3 显示了第 7 秒、第 22 秒和第 25 秒实验组和对照组的情绪指数情况。第 7 秒被试类别的情绪指数差异显著，t（15.272）=-2.497，P=0.024，对照组对第 7 秒视频内容的情绪指数均值为 0.010，显著高于实验组的情绪指数均值 –0.174。第 22 秒被试类别情绪指数差异临界显著，t（18）=1.842，P=0.082，对照组对第 22 秒视频内容的情绪指数均值为 –0.147，显著低于实验组的情绪指数均值 –0.035。第 25 秒被试类别情绪指数差异同样临界显著，t（18）=1.770，P=0.094，对照组对第 25 秒视频内容的情绪指数均值为 –0.139，临界显著低于实验组的情绪指数均值 –0.001。

表 3.3　视频 2 第 7 秒、第 22 秒和第 25 秒情绪指数计算数据

时间	被试类别	样本数	均值	标准差
第 7 秒	实验组	10	−0.174	0.125
	对照组	10	0.010	0.197
第 22 秒	实验组	10	−0.035	0.126
	对照组	10	−0.147	0.145
第 25 秒	实验组	10	−0.001	0.170
	对照组	10	−0.139	0.178

（2）出现品牌时的情绪指数

在明星线索视频 2 中，将品牌和品牌名缩小放置于左上角，全广告镜头里品牌商标不足 1 秒。表 3.4 列出了第 24 秒和第 30 秒时，实验组和对照组的品牌情绪指数情况。对第 24 秒、第 30 秒被试类别进行独立样本 t 检验（详见附表 3.4）。在第 24 秒时旁白提到品牌名称，第 30 秒时画面出现清晰的品牌名称和商标。附表 3.4 所示为被试类别在视频 2 中的品牌好感度情况。实验组在第 24 秒的情绪指数均值为 −0.063，对照组为 −0.124，被试类别在第 24 秒的情绪指数差异不显著，t（18）=0.620，P=0.543；实验组在第 30 秒时的情绪指数均值为 −0.074，对照组为 −0.046，被试类别在第 30 秒的情感指数差异不显著，t（18）=−0.378，P=0.710。说明被试类别在视频 2 中出现品牌商标时的情绪指数没有显著差异。

表 3.4　被试类别在明星线索视频 2 中的品牌情绪指数

时间	被试类别	样本数	均　值	标准差
第 24 秒	实验组	10	−0.063	0.197
	对照组	10	−0.124	0.240
第 30 秒	实验组	10	−0.074	0.132
	对照组	10	−0.046	0.199

（3）情绪高点

如图 3.9 所示，实验组情绪指数最高的三个时间点依次是第 15 秒、第 25 秒和第 35 秒。第 15 秒时画面为老师带着小学生跳舞，第 25 秒时出现文字"全车系 0 利率"等字样，第 35 秒时画面显示两个心形礼品盒。对于实验组来说，全程出现的蔡依林完全没有引起他们的积极情绪。

|第15秒|第25秒|第35秒|

图 3.9　实验组对视频 2 情绪指数最高的三个时间点镜头

　　如图 3.10 所示，对照组情绪指数最高的三个时间点依次是第 6 秒、第 7 秒和第 20 秒。第 6 秒时画面为蔡依林回头侧望，第 7 秒时画面为一个舞蹈动作，第 20 秒时画面是一个胖胖的男性在跳舞。对照组对明星有较好的情绪感知。

|第6秒|第7秒|第20秒|

图 3.10　对照组对视频 2 情绪指数最高的三个时间点镜头

第四节 小 结

动漫形象代言的视频 1 中，实验组（动漫爱好者）对动漫线索视频的情绪指数较高，情绪指数最大值同样出现在实验组。对照组在品牌出现时的情绪指数高于实验组，统计学意义显著。

明星代言的视频 2 中，对照组（非动漫爱好者）对明星线索视频的情绪感知波动较大，出现品牌商标时的情绪指数没有达到最高值。实验组情绪指数达到最高值的三个时间点都没有出现代言明星。

本章的研究结果表明，动漫爱好者对动漫形象有较好的情绪感知，但这种感知没有表现在品牌上面；非动漫爱好者对明星有较好的情绪感知，但这种感知同样没有表现在品牌上面。

第四章　动漫形象与明星代言效果的出价行为研究

第一节　引　言

诺贝尔经济学奖获得者、心理学家丹尼尔·卡尼曼（2012）在《思考，快与慢》中采用心理学家 Keith E. Stanovich（基思·斯坦诺维奇）和 Richard West（理查德·韦斯特）率先提出的描述人脑中做决策的术语——"系统 1"和"系统 2"。基思·斯坦诺维奇和理查德·韦斯特对"系统 1"和"系统 2"的定义被广泛用于心理学领域，常用的"系统 1"是无意识的，依靠情感、记忆和经验迅速做出判断，不怎么费脑力，处于自主控制状态。但"系统 1"也很容易上当，它固守"眼见即为事实"的原则，任由损失厌恶和乐观偏见之类的错觉引导人们做出错误的选择。"系统 1"还存在一个重大的局限，就是人们无法关闭它。"系统 2"常与行为、专注、选择等主观体验相关，有意识的"系统 2"能将注意力转移到费脑力的大脑活动并做出决定。它比较慢，不容易出错，但它很懒惰，经常走捷径，直接采纳"系统 1"的直觉型判断结果。人们在做出判断和选择时，常常是无意识的自主选择而非控制，其中就包含了人的出价行为。

出价行为的测量常常是实验经济学研究热点之一，如最后通牒博弈实验中使用出价行为来对比被试间差异（王丹 等，2007）；对比情绪和记忆提取信息对禀赋效应的影响（黄丽华，2010）；进行非均衡"多人共决"研究等（王铖，2011）。通过巧妙的实验设计，出价行为常常可以反映出多种实验设计的主效应。实验经济学家认为，实验模型无须再现现实世界和理论模型的所有假定，实验室中表现出的经济行动与现实经济中的经济行动并无"本质差别"（高鸿桢，2003）。马英和方平（2009）对 284 名中小学生的实验表明，情绪效价对决策有显著影响，个体在积极效价下的出价显著高于在消极效价下的出价。

在动漫形象品牌代言的研究中，运用实验法考察两者价值差异的研究并不多见，但出价可以看作判断个体对目标产品偏好程度的重要行为指标。本章通过被试的出价行为考察在同一品牌和不同品牌条件下动漫形象代言和明星代言的效果差异。本研究并不是单纯采纳被试的出价数目，而是通过计算被试对目标产品的出价原价差指标，分离出代言效果的增值部分。相比单纯对比被试类别的出价金额，出价原价差的差异程度有较好的信度保障。

第二节 同一品牌的动漫形象 / 明星代言效果的行为研究 a

一、方 法

（一）被 试

按照行为研究的惯例，实验招募了 20 名大学生被试，被试的平均年龄约为 22 岁（$M=22.2$，$SD=1.99$）。由 10 名大学生动漫爱好者构成实验组，10 名大学生非动漫爱好者构成对照组。20 名大学生被试裸眼或矫正视力均达到 5.0 以上，色觉正常。被试均为右利手，无既往精神病史。所有被试对汽车品牌与市场价格均不熟悉。

（二）实验材料与设备

实验由一台联想双核计算机控制。刺激材料用 21 寸屏幕呈现给被试，刷新率为 75Hz。被试眼睛与屏幕的距离为 50cm，视频的分辨率统一为 512 像素 ×288 像素。

实验所使用的刺激材料是某汽车品牌的两则视频广告。如图 4.1 所示，视频 1 出现了知名动漫形象初音未来，伴有音乐，视频时长为 48 秒；如图 4.2 所示，视频 2 出现了明星蔡依林，伴有音乐和舞蹈，视频时长为 35 秒。初音未来与蔡依林同属于年轻活泼的女性形象，两则广告的表现手法比较类似。实验程序用 Eprime 2.0 编写并呈现刺激材料。按照"ABBA"原则对视频播放顺序进行了平衡，每个视频播放两遍。在每一个视频结束之后，要求被试对广告中出现的汽车给出自己认定的恰当价格。

图 4.1　视频 1 中的动漫形象

图 4.2　视频 2 中的明星形象

（三）实验程序

实验开始后首先出现指导语，告知被试在每一个视频结束后需要给出他们所认为的视频中汽车的价格，接着出现 5000ms 的黑屏静息，然后进入视频播放，被试在播放结束后弹出的窗口中输入金额。视频播放顺序按 "ABBA" 原则进行平衡。被试共接受这样的实验 4 次，实验时间共计 6 分钟。

二、结果与分析

利用 SPSS 17.0 进行数据统计处理。对被试进行 2 种线索类别（动漫形象和明星）×2 种被试类别（动漫爱好者和非动漫爱好者）的重复测量的方差分析，统计结果为非球性时采用 Greenhouse-Geisser 校正。其中，被试类别是被试间变量，线索类别是被试内变量。

表 4.1 给出了动漫形象代言视频 1 和明星代言视频 2 的平均出价。线索类别对出价的主效应非常显著，$F(1,20) = 113.034$，$P < 0.001$；被试类别对出价的主效应不显著，$F(1,20) = 0.201$，$P=0.659$；线索类别 × 被试类别交互作用不显著，$F(1,20)=0.170$，$P=0.685$（详见附表 4.1）。说明被试在不同线索类别条件下的出价有显著差异，被试对动漫形象（初音）代言广告的出价显著高于明星（蔡依林）代言广告。

表 4.1 不同线索类别的出价情况

线索类别	样本数	平均出价 / 元
动漫形象代言视频 1	20	190825.06
明星代言视频 2	20	124875.03

如表 4.2 所示，与视频中的汽车原价（参考了该款式最低配置的厂家指导价）相比，动漫形象代言视频 1 的出价原价差为 69222.73 元，明星代言视频 2 的出价原价差为 44268.20 元。对被试平均出价和汽车出价原价差进行多因素重复测量的方差分析发现，线索类别对出价原价差的主效应显著，$F(1,20)=4.459$，$P=0.049$；被试类别对出价原价差的主效应不显著，$F(1,20)=0.201$，$P=0.659$；线索类别 × 被试类别交互作用不显著，$F(1,20)=0.170$，$P=0.685$（详见附表 4.2）。说明这两种线索类别的出价原价差的差异不显著。

表 4.2 不同线索类别的汽车原价、平均出价、出价原价差情况

线索类别	原价 / 万元	平均出价 / 万元	出价原价差 / 元
动漫形象代言视频 1	12.38	19.08	69222.73
明星代言视频 2	8.88	12.49	44268.20

第三节 不同品牌的动漫形象／明星代言效果的行为研究 b

一、方 法

（一）被 试

按照行业研究的惯例，实验招募了大学生被试30人，平均年龄约为22 岁（M=22.3，SD=1.933）。其中男生 11 人，女生 19 人。30 名大学生被试裸眼或矫正视力均达到 5.0 以上，色觉正常。被试均为右利手，无既往精神病史。所有被试对汽车品牌与价格不熟悉。

（二）实验材料与设备

实验所使用的刺激材料是两则汽车的视频广告。视频分辨率为 512 像素 ×288 像素。如图 4.3 所示，视频 1 中出现了知名动漫形象初音未来，伴有音乐，时长为 48 秒；如图 4.4 所示，视频 3 中出现了男明星陈坤，伴有音乐，时长为 61 秒。初音未来属于年轻活泼的形象，陈坤属于年轻偶像形象。两则广告的表现手法比较类似。

图 4.3 视频 1 中的动漫形象

图 4.4　视频 3 中的明星形象

（三）实验程序

实验程序用 E-prime 2.0 编写并呈现刺激材料。实验开始后首先出现指导语，告知被试在每一个视频结束后需要给出他们所认为的视频中汽车的价格，接着出现 5000ms 的黑屏静息，然后进入视频播放，播放结束后弹出窗口让被试输入金额。视频播放顺序按"ABBA"原则进行平衡。被试共接受这样的实验刺激 4 次。在视频实验结束后，被试填写后测的问卷。实验时间共计 10 分钟左右。

二、结果与分析

（一）视频实验数据分析

实验采用被试内设计，数据利用 SPSS 17.0 进行统计分析，对被试的出价行为进行单因素重复测量的方差分析。

表 4.3 给出了对动漫形象代言视频 1 和明星代言视频 3 的平均出价。线索类别对出价的主效应不显著，$F_{(1,30)}=0.459$，$P=0.504$（详见附表 4.3）。说明被试在不同线索类别条件下的出价没有显著差异，被试对动漫形象（初音）代言广告出价与明星（陈坤）代言广告出价没有显著差异。

表4.3　不同线索类别的出价情况

线索类别	样本数	平均出价 / 元
动漫形象代言视频 1	30	183213.26
明星代言视频 3	30	174166.67

表 4.4 所示是被试的平均出价与视频中汽车原价（参考了款式最低配置厂家指导价）的差值情况。动漫形象代言视频 1 的出价原价差为59400.00 元，明星代言视频 3 的出价原价差为 70266.67 元。对被试平均出价和汽车出价原价差进行配对样本 t 检验，发现线索类别对出价原价差的主效应不显著，$t（29）=-0.815$，$P=0.422$（详见附表 4.4）。说明这两种线索类别的出价原价差的差异不显著。

表 4.4　不同线索类别的汽车原价、平均出价、出价原价差情况

线索类别	原价 / 万元	平均出价 / 万元	出价原价差 / 元
动漫形象代言视频 1	12.38	18.32	59400.00
明星代言视频 3	10.39	17.42	70266.67

（二）后测问卷与行为数据的联合

数据结果显示，视频 1 中动漫形象识别正确率为 63.3%，视频 3 中明星识别正确率为 93%。对数据进行相关样本非参数检验，动漫形象和明星识别正确率差异显著，$Z=-2.714$，$P=0.007$（双侧）（详见附表 4.5）。这表示明星识别率显著高于动漫形象识别率。

数据结果显示，视频 1 中汽车品牌识别正确率为 70%，视频 3 中汽车品牌识别正确率为 80%。对数据进行相关样本非参数检验，两种品牌识别正确率没有显著差异，$Z=-1.000$，$P=0.317$（双侧）（详见附表 4.6）。

将视频 3 中明星识别线索对视频 3 的出价均值效应做独立样本非参数检验，选择 $K—S$ 检验，分析结果显示，$Z=0.634$，$P=0.816$（双侧）（详见

附表 4.7）。将视频 3 中汽车品牌的识别线索对视频 3 的出价均值做非参数检验，结果显示，$Z=0.822$，$P=0.509$（双侧）（详见附表 4.8）。数据结果表示，明星识别率和品牌识别率对出价均值造成的差异不显著。

　　将动漫识别线索作为分类值对视频 1 的出价均值做非参数检验，选择 K-S 检验，分析结果显示，不同动漫识别率对视频 1 的出价均值没有显著差异，$Z=0.909$，$P=0.380$（双侧）（详见附表 4.9）。将视频 1 中汽车品牌的识别线索作为分类值对视频 1 的出价均值做非参数检验，结果显示，不同汽车品牌的识别率对视频 1 的出价均值没有显著差异，$Z=0.359$，$P=1.000$（双侧）（详见附表 4.10）。数据结果表示，动漫识别率和品牌识别率对出价均值造成的差异不显著。

第四节 小 结

总体上，动漫形象代言和明星代言都能提高对汽车价格信息不了解的被试对汽车的估价。同一品牌的不同代言人物线索，出价原价差具有显著差异；而不同品牌的不同代言人物线索，出价原价差没有显著差异。

同一品牌条件下动漫形象代言与明星代言效果不同，结合前一章的EEG 数据，从好感度来讲，实验组（动漫爱好者）对动漫形象代言的产品情绪指数较高，对照组（非动漫爱好者）对明星代言的产品情绪指数较高；从出价情况看，线索类别差异十分显著，而被试类别并没有显著差异，出价原价差在线索类别存在显著差异，在被试类别不存在显著差异。这说明情绪的感知与行为（出价）的差异并不一定会保持一致。

不同品牌条件下对比动漫形象代言与明星代言效果，从出价情况看，动漫形象线索效果大于明星线索，但统计学意义上差异不显著；从出价原价差来看，明星线索效果大于动漫形象线索，但统计学意义上差异也不显著。因此，对于不同品牌的动漫形象代言和明星代言效果的行为考察，还需进一步深入分析。

本章研究结果显示，品牌识别率和代言人识别率对于被试出价行为均未能造成统计学意义上的差异，故出价行为背后的原因复杂，代言人识别率和品牌识别率的作用十分有限。

第五章　中国动漫形象与中外不知名品牌的代言效果研究

第一节　引　言

一、名人代言与不知名品牌

McCracken（1989）的意义迁移理论认为，名人的意义在代言时会迁移到产品与消费者中，当名人代言了一个未知的或虚构的品牌时，因为消费者缺乏对实物的联想，只能围绕品牌和名人代言展开联想，故意义迁移显得尤为显著。匹配假说认为，应增强品牌和名人联合的强度，以及展现名人最好的一面，由于不知名的品牌缺少联想连接，故不知名品牌使用名人代言更为有效（Shimp，1991）。Escalas 和 Bettman（2011）的研究则表明，当名人是消费者渴望成为的对象时，使用名人代言才能取得好的效果，尤其是名人与品牌匹配的情况下；但仅靠名人代言并不能对不知名品牌产生自我品牌连接。Escalas 与 Bettmand 的研究结果明显与之前的匹配假说产生了分歧。

较新的研究发现，有高品质代言人的不知名品牌的感知度会高于那些联合高、低品质代言人的不知名品牌，特别是当那些高品质的代言人来自不同类别时，不知名品牌的感知度将大大增强（Fang et al.，2002）。将中国动漫形象视作一种联合的力量，如果中国动漫形象是一种高品质的代言人，那么其将极大地提升联合对象的品牌感知度；如果中国动漫形象是联合高、低品质代言人，那么其不一定能提升联合对象的品牌感知度或接受度。

二、作为品牌代言人存在的动漫形象

从代言人角度考虑，动漫形象代言人接近于 Friedman（1979）划分的三类广告代言人——名人、专家和典型消费者，或 Kaikati（1987）划分的四类广告代言人——真的名人、相似的名人、企业执行官或创始人、联想的名人。

有学者分析了不同国家动漫的特点。美国和日本在各自的动画和漫画之间具有"视觉上的一致性",日本动漫深挖平面视觉形象的娱乐价值,审美上更倾向具有浮世绘特征的视觉形象,美国动漫动作流畅、剪辑精致、语言幽默(李思屈,2006)。中国动漫的人物塑造过于完美而个性不足,外形设计低幼化或单纯模仿美日(李思屈,2007)。日本动漫采用的"电影语言的语法"这一写实风格,是另一种现实主义的创作路线,不同于美国以迪士尼为代表的动画形象塑造手法(李涛,2007)。

张红霞等(2010)的研究将代言人与产品国别一致性作为调节变量,验证了代言人特征与广告效果的正向影响关系,即当代言人国别属性与产品国别属性一致时,广告效果明显较好。但是,张红霞等人的研究中忽略了动漫形象代言人,对于产品属性模糊的不知名品牌来说,中国动漫形象代言人会对中外不知名品牌的联合发挥何种作用?

本章打算探究中国动漫形象代言中外不知名品牌的效果,以被试的选择和反应时作为考察指标,考察中国动漫形象代言人与中外不知名品牌联合过程中是否存在显著的差异,以此推论中国消费者的偏好。该研究得出了中国不知名品牌想借助中国动漫形象获得好的认知度的情况,或外国不知名品牌想借助中国人熟知的动漫形象来打开中国市场的情况,这种市场策略的有效性可以通过本章实验先行模拟。

三、启动效应

Stroop 效应的发现开创了心理学中对刺激的某一维度加工受到另一维度加工影响的先河。启动效应(priming effect)通常是指,一个快速呈现的刺激(启动刺激)对紧接着出现的第二个刺激(目标刺激)加工产生的正或负的影响（马红骊 等，1992）。一般来说，启动效应的产生依赖于启动刺激与目标刺激间存在的某种正或负的关系，这种关系可以是含义上的（如语意），也可以是形式上的（如字音或字形）。启动效应涉及了字词识别、语意加工、无意识加工等许多问题，并与各种书写系统有关。在启动效应研究中，最常用的测验方法有字的确认、词的确认，以及词根或完整词段的确认（杨治良，1997）。在词的确认测验中，给被试者短暂呈现某一刺激，然后要求他们确认该刺激，再通过与新项目的比较，由被试者对新呈现项目确认精度的提高或对新呈现项目所需呈现时间的下降来反映启动效应（Feustel et al.，1983）。

　　启动效应涉及人类信息加工的许多根本问题，所以它一直是当代认知心理学研究的热点。马正平与杨治良在1991年最先得出了使用汉语材料同样能有效地进行启动效应的研究，这也成为本研究使用汉语材料进行启动探测实验的基础依据。

第二节　方　法

一、被　试

实验招募了大学生被试 29 人，平均年龄约为 22 岁（$M=21.8$，$SD=1.104$）。其中男生 12 人，女生 17 人。29 名大学生被试裸眼或矫正视力均达到 5.0 以上，色觉正常。被试均为右利手，无既往精神病史。

（一）实验材料与设备

按照实验一的前测，筛选出熟悉度在 3.68 以上的 8 个中国动漫形象，分别是盖聂、虹猫、大头儿子、喜羊羊、灰太狼、猪猪侠、熊大、悠嘻猴。

准备了三组中、日、美品牌，每组各 8 个。品牌名称由主试自拟，实验中告诉被试这些品牌为真实的不知名品牌。自拟中国品牌是中明、新美、华庆升、天海、玉通、嘉安、九利星、万合；自拟日本品牌是植村、白龙堂、东洋、吉雄、高田、普乐士、雪光、京陶；自拟美国品牌是亚伦尔、林克、海顿、杰林、星威、迈森特、伊伯特、佩尔。

实验由一台计算机控制，实验材料用 E-prime 2.0 编写并组织材料。刺激材料用 21 寸屏幕呈现给被试，被试眼睛与屏幕的距离为 50cm，刺激材料是高度为 1.5cm，宽度为 3cm 或 4.5cm 或 6cm 的中文词，视角为中文双字词 1°×2° 或中文三字词 1°×3°或中文四字词 1°×4°。

（二）实验程序与设计

为确保被试能正确判断品牌来源国，实验用 E-prime 2.0 编写了程序，程序会随机呈现自拟的 24 个品牌，要求被试用按键的方式判断国别，按"←"键表示中国品牌，按"↑"键表示日本品牌，按"→"键表示美国品牌。通过循环练习，直到被试对判断品牌国别的准确率达到 100%。

实验采取启动探测范式。正式实验设计采用 1 种被试类别 ×3 种线索类别混合设计，其中线索类别分为中国线索、日本线索和美国线索三类，是被试内变量。动漫词语向每位被试分别以红、蓝两种颜色呈现 15 次，品牌词语向每位被试分别以红、蓝两种颜色呈现 5 次，整个实验过程每个被试需接受 240 次实验。词语以完全随机的顺序呈现。

实验开始后，被试首先会在屏幕上看到一个红色的 "+" 提示符，提醒被试实验开始，注视点出现时间为 800ms，随后出现 1000ms 的动漫形象词语，接着出现品牌词语，被试尽快按 "J" 键表明接受该动漫形象对品牌的代言，或按 "K" 键表明不接受该动漫形象对品牌的代言，词语消失 500ms 之后，进入下一个实验。刺激进行 80 次之后会提示被试休息，实验一共进行 3 轮。实验过程中，电脑会自动记录被试的反应时和正确率，实验时间为 30 分钟左右。

第三节 结果与分析

被试做出正确判断的反应时数据按照三倍标准差法剔除极值，被试的数据剔除量未超过总体的 6.2%。

如表 5.1 所示，将不同国别线索的反应时进行单因素重复测量方差分析，统计结果为非球性时采用 Greenhouse-Geisser 校正。不同国别线索类别的反应时差异十分显著，$F_{(2, 29)}$=12.759，$P < 0.001$（详见附表 5.1）。被试表现出对中国线索反应时最短，其次是美国线索，最长的为日本线索。对线索类别的反应时进行配对样本 t 检验，美、中线索反应时主效应显著，$t_{(28)}$=2.917，P=0.004；日、中线索对反应时主效应十分显著，$t_{(28)}$=−4.593，$P < 0.001$；日、美线索对反应时主效应显著，$t_{(28)}$=−2.543，P=0.011（详见附表 5.2）。这说明国别线索对反应时主效应显著。

表 5.1 不同国别线索类别的被试反应时

国别线索	均值 /ms	方差 /（ms）^{2}
美国（n=29）	1344.21	934.584
中国（n=29）	1279.75	797.728
日本（n=29）	1422.90	1427.139

如表 5.2 所示，美国不知名品牌用中国动漫形象代言，选择接受的占 25.4%，拒绝的占 74.6%；中国不知名品牌用中国动漫形象代言，选择接受的占 68.8%，拒绝的占 31.2%；日本不知名品牌用中国动漫形象代言，选择接受的占 25.8%，拒绝的占 74.2%。对不同品牌国别线索的中国动漫形象代言接受度进行三个相关样本非参数检验，选用 Cochran's Q 算法。线索类别对接受 / 拒绝反应主效应十分显著，Cochran's Q=1014.521，

$P < 0.001$（详见附表5.3）。这说明不同国别线索的动漫形象代言反应有十分显著的差别。

表5.2　不同国别线索的不知名品牌对中国动漫形象代言的接受度

国别线索	接受/拒绝率		合计
	接受	拒绝	
美国	25.4%	74.6%	100.0%
中国	68.8%	31.2%	100.0%
日本	25.8%	74.2%	100.0%

对中、美线索的动漫形象代言接受度进行两相关样本非参数检验，线索类别对接受/拒绝率主效应十分显著，$Z=-25.711$，$P < 0.001$（双侧）（详见附表5.4）。对中、日线索的动漫形象代言接受度进行两相关样本非参数检验，线索类别对接受/拒绝率主效应十分显著，$Z=-24.735$，$P < 0.001$（双侧）（详见附表5.5）。对美、日线索的动漫形象代言接受度进行两相关样本非参数检验，线索类别对接受/拒绝率主效应不显著，$Z=-0.302$，$P=0.763$（双侧）（详见附表5.6）。这说明不同国别线索的动漫形象代言反应有十分显著的差别。

考察性别因素对中国动漫形象代言不同国别线索不知名品牌的接受度情况（表5.3），对数据进行独立样本非参数检验，选取 $K\text{-}S$ 处理方法。结果显示，男性和女性对中国动漫形象代言美国不知名品牌的接受度无显著差异，$Z=0.131$，$P=1.000$（双侧）；男性和女性对中国动漫形象代言中国不知名品牌的接受度存在十分显著的差异，$Z = 3.453$，$P < 0.001$（双侧），且女性对相同国别的动漫形象代言品牌的接受度显著高于男性；男性和女性对中国动漫形象代言日本不知名品牌的接受度无显著差异，$Z=0.305$，$P=1.000$（双侧）（详见附表5.7）。数据结果表明，中国动漫形象代言美

国、日本不知名品牌的接受度没有显著的性别差异，但中国动漫形象代言中国不知名品牌的接受度有十分显著的性别差异，女性的接受度大大高于男性。

表 5.3　性别因素对中国动漫形象代言不同国别不知名品牌的接受度的影响

性别	接受 / 拒绝率		合计
	接受	拒绝	
男	59.0%	41.0%	100.0%
女	73.8%	26.2%	100.0%

第四节　小　结

从数据分析可以得知，不知名品牌国别线索对中国动漫形象代言反应时差异不显著，不知名品牌国别线索的启动反应不显著。

中国动漫形象代言对不知名品牌国别线索类别的接受度主效应十分显著，中国动漫形象代言中国品牌的接受程度远远高于中国动漫形象代言美国品牌和日本品牌，而中国动漫形象代言美国品牌和日本品牌的接受程度相当。这个结果补充和推进了张红霞和张益对代言人和来源国关系的假说。男性和女性对中国动漫形象代言中国不知名品牌的接受度有显著差异，女性对中国动漫形象代言中国不知名品牌的接受度较高，男性表现为接受的约占总体一半。

行为实验结果说明，不知名美、日品牌在选择中国动漫形象代言时获得认可的可能性较低，可能冒着75%左右被消费者拒绝的风险，失败的风险也较大。造成这种情况的原因可能是：①中国动漫形象并非高品质的代言对象；②信源可靠性问题；③意义转移的失败；④品牌和动漫形象的来源国效应。这些原因需要在接下来的研究中获得进一步的解释。

同国别动漫形象与不知名品牌联合可获得68.8%的接受率和超过30%的拒绝率。这种情况说明，不知名中国品牌选择中国动漫形象代言仍然存在较大的市场风险。造成这种情况的原因可能是：①中国动漫形象并非高品质的代言对象；②信源可靠性问题；③意义转移的失败。这些原因需要在接下来的研究中获得进一步的解释。

第六章 中国动漫形象与中外知名
品牌的代言效果研究

第一节 引 言

近些年，国内的研究也开始注意并认同动漫形象具有巨大的符号价值和商业价值（周婧，2005；刘棋芳，2007；孙威，2008；邓彦妮，2011；范周 等，2012）。然而，中国动漫形象与中外知名品牌之间的联合是否会产生积极的效果？个体对这样的联合又持何种态度？能回答这些问题的研究极少。

本章实验选择了中国动漫形象和数个中外知名的电子产品品牌，选择电子产品的原因是多个研究证明了电子产品属于高卷入度产品类型（周象贤 等，2006；李丹，2010；刘馨予 等，2012；李东进 等，2012）。实验选择日、美两国品牌进行比较是由于两国产品具有较强的世界级销售力，拥有多个世界级品牌，把它们与中国品牌进行对比也是源于对现实问题的思考。高卷入度产品意味着被试对品牌有着更深的认知，会更加重视产品的品牌效应。

本章需要研究中外知名名牌与中国动漫形象如何产生意义的连接，中外知名品牌从国别线索上对中国动漫形象是否会产生接受度和反应时两个指标上的显著差异，与上一章的不知名品牌相比，接受度是否会发生显著变化等问题。

张红霞和张益（2010）的研究表示，对于外国文化色彩及无国别文化色彩的产品，外国代言人的广告效果要明显高于中国代言人。那么电子产品作为外国文化色彩不算强烈的产品，代言效果是否会存在差异呢？

第二节　方　法

一、被　试

实验招募了大学生被试 36 人，平均年龄为 23.6 岁（M=23.6, SD=2.535）。其中男生 20 人，女生 16 人。36 名大学生被试裸眼或矫正视力均达到 5.0 以上，色觉正常。被试均为右利手，无既往精神病史。

二、实验材料与设备

按照实验一的前测，筛选出熟悉度在 3.68 以上的 8 个中国动漫形象，分别是盖聂、虹猫、大头儿子、喜羊羊、灰太狼、猪猪侠、熊大、悠嘻猴。

实验准备了三组中、日、美知名电子产品品牌，每组各 8 个。品牌的选择方式是先通过知名电子企业排行榜确定大范围，再由 40 人前测选择 24 个电子品牌，品牌熟悉度均在 3.7 以上。前测最终选出的中国品牌是联想、华为、方正、海尔、神舟、中兴、创维、康佳；选出的日本品牌是东芝、夏普、松下、尼康、佳能、富士、日立、宾得；选出的美国品牌是惠普、戴尔、苹果、谷歌、柯达、优派、雅虎、微软。

实验由一台计算机控制，实验材料用 Eprime 2.0 编写并组织。刺激材料用 21 寸屏幕呈现给被试，被试眼睛与屏幕的距离为 50cm，刺激材料是高度为 1.5cm，宽度为 3cm 或 4.5cm 或 6cm 的中文词，视角为中文双字词 $1° \times 2°$ 或中文三字词 $1° \times 3°$ 或中文四字词 $1° \times 4°$。

三、实验程序与设计

为确保被试能正确判断品牌来源国，实验用 E-prime 2.0 编写了程序，程序会随机呈现 24 个品牌，要求被试用按键的方式判断国别，按"←"键表示中国品牌，按"↑"键表示日本品牌，按"→"键表示美国品牌。通过循环练习，直到被试对品牌国别判断的准确率达到 100%。

实验采取启动探测范式。正式实验设计采用 1 种被试类别 ×3 种线索类别混合设计，其中线索类别分为中国线索、日本线索和美国线索三类，是被试内变量。动漫词语向每位被试分别以红、蓝两种颜色呈现 15 次，品牌词语向每位被试分别以红、蓝两种颜色呈现 5 次，整个实验过程每个被试需接受 240 次实验。词语以完全随机的顺序呈现。

实验开始后，被试首先会在屏幕上看到一个红色的"+"提示符，提醒被试实验开始，注视点出现时间为 800ms。随后出现 1000ms 的动漫词语，接着出现品牌词语，被试尽快按"J"键表明接受该动漫形象对品牌代言，或按"K"键表明不接受该动漫形象对品牌的代言。词语消失 500ms 之后，进入下一个实验。刺激进行 80 次之后会提示被试休息，实验一共进行 3 轮。实验过程中电脑会自动记录被试的反应时和正确率，实验时间为 30 分钟左右。

第三节 结果与分析

一、反应时和接受 / 拒绝反应结果

被试做出正确判断的反应时数据按照三倍标准差法剔除极值，被试的数据剔除量未超过总体的 13%。

如表 6.1 所示，对比不同线索类别的反应时数据，美国线索反应时均值最短，其次是日本线索反应时，最长是中国线索的反应时。将不同线索类别的反应时进行单因素重复测量方差分析。结果显示，国别线索对反应时的差异显著，$F_{(2, 36)}=3.098$，$P=0.045$（详见附表 6.1）。对线索类型的反应时进行配对样本 t 检验，中、美线索反应时主效应显著，$t=2.329$，$P=0.020$；中、日线索对反应时主效应临界显著，$t=1.908$，$P=0.057$；日、美线索对反应时主效应不显著，$t=0.408$，$P=0.683$（详见附表 6.2）。

表 6.1 不同国别线索类别的被试反应时

国别线索	均值 /ms	标准差 / (ms)²
美国（n=36）	1055.66	518.415
中国（n=36）	1086.65	515.494
日本（n=36）	1061.04	517.825

如表 6.2 所示，知名美国品牌用中国动漫形象代言，选择接受的占 23.0%，不接受的占 77.0%。知名中国品牌用中国动漫形象代言，选择接受的占 70.6%，不接受的占 29.4%。知名日本品牌用中国动漫形象代言，选择接受的占 22.9%，不接受的占 77.1%。对品牌国别线索的中国动漫形象代言接受度进行三个相关样本非参数检验，选用 Cochran's Q 算

法，线索类别对接受/拒绝反应主效应十分显著，Cochran's Q=1409.165，$P < 0.001$。这说明不同国别线索的动漫形象代言反应有十分显著的差别。

表6.2 不同国别线索的知名品牌对中国动漫形象代言的接受度

国别线索	接受/拒绝率		合计
	接受	拒绝	
美国	23.0%	77.0%	100.0%
中国	70.6%	29.4%	100.0%
日本	22.9%	77.1%	100.0%

对中、美线索的动漫形象代言接受度进行两相关样本非参数检验，线索类别对接受/拒绝反应主效应十分显著，$Z=-29.401$，$P < 0.001$（双侧）。对中、日线索的动漫形象代言接受度进行两相关样本非参数检验，$Z=-29.011$，$P < 0.001$（双侧）。对美、日线索的动漫形象代言接受度进行两相关样本非参数检验，线索类别对接受/拒绝反应主效应不显著，$Z=-0.124$，$P=0.902$（双侧）。

考察性别因素对中国动漫形象代言不同国别线索知名品牌的接受度情况。对数据进行独立样本非参数检验，选取 K-S 处理方法。结果显示，男性对中国动漫形象代言美国知名品牌的接受度为 32.4%，女性为 14.1%，男性和女性有十分显著的差异，$Z=4.697$，$P < 0.001$；男性对中国动漫形象代言中国知名品牌的接受度为 71.3%，女性为 69.1%，男性和女性没有显著差异，$Z=0.562$，$P=0.911$；男性对中国动漫形象代言日本知名品牌的接受度为 29.5%，女性为 17.3%，男性和女性有十分显著的差异，$Z=3.143$，$P < 0.001$（详见附表6.3）。数据结果说明，男性和女性对中国动漫形象代言中国知名品牌的接受度没有显著差异，但对于中国动漫形象代言美国和日本知名品牌的接受度存在十分显著的差异，女性更倾向拒绝

这样的代言方式。

二、与中国动漫形象代言不知名中外品牌效果的对比分析

考察同一国别知名与不知名品牌线索的反应时是否有差异，可以对知名和不知名品牌的国别线索的反应时进行独立样本 t 检验。知名美国品牌和不知名美国品牌反应时的对比有十分显著的差异，$t=-6.189$，$P < 0.001$（详见附表 6.4）；知名中国品牌和不知名中国品牌反应时对比有十分显著的差异，$t=-3.914$，$P < 0.001$（详见附表 6.5）；知名日本品牌和不知名日本品牌反应时对比有十分显著的差异，$t=-5.107$，$P < 0.001$（详见附表 6.6）。说明人们对知名品牌线索的反应时要显著地快于不知名品牌线索。

对同一来源国知名和不知名品牌线索的接受／拒绝代言反应做非参数检验，结果表明，美国知名品牌与不知名品牌线索的接受／拒绝代言反应差异不显著，$Z=-1.788$，$P=0.074$（双侧）（详见附表 6.7）；中国知名品牌与不知名品牌线索的接受／拒绝代言反应差异不显著，$Z=-1.425$，$P=0.154$（双侧）（详见附表 6.8）；日本知名品牌与不知名品牌线索的接受／拒绝代言反应差异不显著，$Z=-1.695$，$P=0.090$（双侧）（详见附表 6.9）。说明无论是美国、中国，还是日本的知名品牌或不知名品牌，采用中国动漫形象代言的接受度都没有显著性差异。

第四节 小 结

研究表明，美国知名品牌用动漫形象代言实验反应时显著快于中国知名品牌用动漫形象代言实验反应时。美国知名品牌和日本知名品牌动漫实验反应时相比差异不显著，中国知名品牌和日本知名品牌动漫形象代言实验反应时相比差异临界显著。

不同国别知名品牌用中国动漫形象代言实验接受／拒绝反应有十分显著差异。中国知名品牌用中国动漫形象代言的接受度显著高于美国和日本知名品牌用中国动漫形象代言的接受度。知名中国品牌用中国动漫形象代言，选择接受的占70.6%，不接受的占29.4%；知名美国品牌用中国动漫形象代言，选择接受的占23.0%，不接受的占77.0%；知名日本品牌用中国动漫形象代言，选择接受的占22.9%，不接受的占77.1%。女性对中国动漫形象代言美国和日本知名品牌的接受度显著低于男性，男性和女性对中国动漫形象代言中国知名品牌的接受度并没有显著差异，这说明女性对于美国和日本知名品牌更加敏感。

同国知名与不知名品牌线索的反应时有显著差异。中、美、日知名品牌线索的反应时要显著地快于中、美、日不知名品牌线索的反应时。造成反应时差异的原因是品牌的熟悉度，由于对知名品牌的熟悉度较高，所以能较快地做出判断。

同国知名与不知名品牌线索的接受率没有显著差异。知名品牌选择中国动漫形象代言的接受度与不知名品牌选择中国动漫形象代言的接受度无统计学意义上的显著差异。

第七章　中外动漫与中外品牌的
外显与内隐态度研究

第一节　引　言

心理学家研究认为，人们大量的心理活动发生在意识知觉之外，那些无法被意识察觉，但却影响人们态度的因素被归纳为内隐态度。Greenwald（1995）提出了测量内隐态度的方法——内隐联想测试，这种方法巧妙地将反应时相减，得出人们对某种事物的内隐态度。在这之后，Greenwald（2003）又改进了对 IAT 效应值的算法，本章采取了 Greenwald 在 2003 年提出的 IAT 新算法，避免了传统算法的缺陷。

张红霞和张益（2010）的研究从外显态度上证明了当代言人与产品国别一致性作为调节变量时，代言人特征与广告效果具有正向的影响关系，即当代言人国别与产品国别一致时，广告效果明显优于两者不一致的情形。

前一章的实验并未验证品牌来源国和中国动漫形象代言接受度之间的相关性，然而单纯依靠外显态度并不能令人信服。名人代言中有大量外国明星代言中国品牌的广告案例，前几章的研究发现被试有显著的国别偏好，因此本章实验将验证这样的偏好是否来自来源国效应。实验用 IAT 来考察动漫形象代言和来源国效应（外显）之间是否存在某种稳定联系，中外动漫形象代言和中外品牌的内隐态度与品牌来源国效应、动漫作品熟悉度之间是否有所关联。这将会是一种具有较好信度和效度的实验方式。

第二节　方　法

一、被　试

实验招募了大学生被试41人，平均年龄为23.3岁（$M=23.31$，$SD=2.524$）。其中男生20人，女生21人。41名大学生被试裸眼或矫正视力均达到5.0以上，色觉正常。被试均为右利手。

二、实验材料与设备

按照前面实验的前测，筛选出熟悉度在3.68以上的10个中国动漫形象、10个美国动漫形象和10个日本动漫形象。10个中国动漫形象是盖聂、虹猫、大头儿子、喜羊羊、灰太狼、猪猪侠、熊大、悠嘻猴、乐比悠悠、中华小子；10个美国动漫形象是功夫熊猫、唐老鸭、米老鼠、白雪公主、擎天柱、怪物史莱克、超人、蜘蛛侠、灰姑娘、蝙蝠侠；10个日本动漫形象是樱木花道、龙猫、千寻、哆啦A梦、奥特曼、路飞、蜡笔小新、樱桃小丸子、犬夜叉、漩涡鸣人。

与上一章相同，本章选取了真实的电子产品品牌。实验准备了中、美、日知名电子产品品牌，每组各10个。品牌的选择方式是通过知名电子企业排行榜确定大范围，再由40人前测选择30个电子品牌，品牌熟悉度均在3.7以上。最终选出的中国电子产品品牌是联想、华为、方正、海尔、神舟、中兴、创维、康佳、长虹、海信，选出的美国电子产品品牌是惠普、戴尔、苹果、谷歌、柯达、优派、雅虎、微软、思科、优派，选出的日本电子产品品牌是东芝、夏普、松下、尼康、佳能、富士、日立、宾得、理光、索尼。

实验由一台联想计算机控制，实验材料用E-prime 2.0编写并组织。

刺激材料用 21 寸屏幕呈现给被试，被试眼睛与屏幕的距离为 50cm，刺激材料是高度为 1.5cm，宽度为 3cm 或 4.5cm 或 6cm 或 7.5cm 的中文词，视角为中文双字词 1°×2°或中文三字词 1°×3°或中文四字词 1°×4°或中文五字词 1°×5°。

三、实验程序与设计

（一）前　测

在被试接受行为实验之前，先对被试的来源国形象外显态度和知名动漫作品熟悉度进行了纸笔测验。来源国形象问卷参考了 Parameswaran 和 Pisharodi（1994）开发的、杨扬子等人（2008）和施卓敏等人（2011）修订的根据研究得到的中文版来源国形象问卷，问卷保留了服务、产品质量、广告宣传和国家整体情况等各方面的 10 个题项。

动漫作品熟悉度量表中的 140 个中外知名动漫作品是在之前实验的前测基础上进行修改而选定。如前所述，动漫作品熟悉度量表上的作品主体源自百度搜索和淘宝动漫排行的综合数据，包括了动画、漫画、游戏和独立卡通。度量表采用李克特 5 度量表，1 为非常不熟悉，5 为非常熟悉。测试要求被试填写对这 140 个动漫作品的熟悉度。

为确保被试能正确判断品牌的国别，实验用 E-prime 2.0 编写了练习程序，屏幕会随机呈现 30 个刺激材料中的品牌，要求被试用按键的方式判断国别，按"←"键表示中国品牌，按"↑"键表示日本品牌，按"→"键表示美国品牌，按键之后，程序会告知被试是否正确。通过循环练习，直到被试对所有品牌的国别判断准确率达到 100%。

（二）IAT 实验流程

正式实验分为两个部分，同样用 E-prime 2.0 编写了程序并呈现刺激。第一部分是中美动漫与中美品牌的内隐联想测试。呈现每个词语开始前有

500ms 的黑屏静息。实验程序如表 7.1 所示。

表 7.1　中美动漫和中美品牌 IAT 实验程序

阶段	任务	次数	反应键	
			F 键	J 键
S1	概念词	20	中国动漫	美国动漫
S2	属性词	20	中国品牌	美国品牌
S3	联合呈现练习	40	中国动漫、中国品牌	美国动漫、美国品牌
S4	联合呈现	40	中国动漫、中国品牌	美国动漫、美国品牌
S5	概念词	20	美国动漫	中国动漫
S6	反转联合呈现练习	40	美国动漫、中国品牌	中国动漫、美国品牌
S7	反转联合呈现	40	美国动漫、中国品牌	中国动漫、美国品牌

实验第一部分结束后，被试休息 3 分钟再开始第二部分实验。

第二部分是中日动漫与中日品牌的内隐联想测试。实验程序如表 7.2 所示，与中美动漫与中美品牌的内隐联想测试程序完全相同。实验过程中每个被试接受 220 次实验，两部分实验每个被试共接受 440 次实验，实验时间为 25 分钟左右。对中美、中日的两个 IAT 实验按照"ABBA"原则进行了顺序平衡。

表 7.2　中日动漫和中美品牌 IAT 实验程序

阶段	任务	次数	反应键	
			F 键	J 键
S1	概念词	20	中国动漫	日本动漫
S2	属性词	20	中国品牌	日本品牌
S3	联合呈现练习	40	中国动漫、中国品牌	日本动漫、日本品牌
S4	联合呈现	40	中国动漫、中国品牌	日本动漫、日本品牌
S5	概念词	20	日本动漫	中国动漫
S6	反转联合呈现练习	40	日本动漫、中国品牌	中国动漫、日本品牌
S7	反转联合呈现	40	日本动漫、中国品牌	中国动漫、日本品牌

第三节　结果与分析

一、外显测量结果

（一）来源国形象的外显态度

计算来源国形象问卷信度采用 Cronbach's α 系数（克龙巴赫 α 系数），中国、美国、日本品牌的来源国形象问卷信度的 Cronbach's α 系数为 0.663、0.630 和 0.629。按照信度划分标准来看，问卷信度属于"很可信"范围。

计算三个国家品牌来源国形象问卷得分均值，分数越高说明对该国品牌的外显态度越高。实验使用 SPSS 17.0 对问卷数据进行处理，再用 One-Way ANOVA 处理数据后可知，来源国形象问卷得分均值与国别线索主效应十分显著，$F(2,41)=156.502$，$P < 0.001$（详见附表 7.1）。

如表 7.3 所示，对均值进行两两比较，将中国线索均值（$M=6.01$，$SD=2.140$）与美国线索均值（$M=8.17$，$SD=1.783$）用 One-Way ANOVA 的最小显著性差异（LSD）法进行 post hoc 检验，平均差为 –2.159，$P < 0.001$；将中国线索均值与日本线索均值（$M=7.92$，$SD=1.793$）用 LSD 法进行 Post hoc 检验，平均差为 –1.912，$P < 0.001$；将美国线索均值与日本线索均值用 LSD 法计算 Post hoc 检验，平均差为 0.246，$P=0.065$（详见附表 7.2）。这说明美国线索均值显著高于中国线索均值，日本线索均值显著高于中国线索均值，美国线索与日本线索均值临界显著差异。

表 7.3　不同国别线索的来源国形象得分情况

国别线索	样本数	均值	标准差
中国	41	6.01	2.140
美国	41	8.17	1.783
日本	41	7.92	1.793

在数据统计过程中发现，男性和女性对美国的来源国形象得分接近显著水平，$t(39)=-1.756$，$P=0.087$，女性（$M=8.343$，$SD=0.55$）相比男性（$M=7.990$，$SD=0.72$）对美国的来源国形象得分更高，说明女性对美国品牌的外显态度相比男性更为积极；男性（$M=5.920$，$SD=0.651$）和女性（$M=6.100$，$SD=0.9767$）对中国的来源国形象得分没有显著差异，$t(39)=-0.691$，$P=0.494$；男性（$M=7.815$，$SD=0.6343$）和女性（$M=8.029$，$SD=0.802$）对日本的来源国形象得分没有显著差异，$t(39)=-0.943$，$P=0.352$（详见附表 7.3）。

如表 7.4 所示，将被试对美国和中国来源国数据的外显评价得分相减，计算得到被试对美国的相对外显态度评价得分均值为 2.159（$n=41$，$SD=0.986$）；同理，将被试对日本和中国来源国数据的外显态度评价得分相减，计算得到被试对日本的相对外显态度评价得分均值为 1.912（$n=41$，$SD=1.000$）。用单样本 t 检验测算美国相对外显态度得分有显著差异，$t(40)=14.019$，$P<0.001$；同理得到，日本相对外显态度得分有显著差异，$t(40)=12.240$，$P<0.001$（详见附表 7.4）。

表 7.4　被试对美国和日本相对外显态度得分情况

来源国相对外显态度	样本数	均值	标准差
美国相对外显态度	41	2.159	0.986
日本相对外显态度	41	1.912	1.000

（二）动漫熟悉度的外显测量结果

动漫作品熟悉度量表上有 140 部中外动漫作品，其中有 17 部中国作品、31 部美国作品、88 部日本作品、4 部其他国家作品。数据结果显示，被试对中国动漫作品熟悉度均值为 2.94（n=41，SD=0.553），对美国动漫作品熟悉度均值为 2.46（n=41，SD=0.549），对日本动漫作品熟悉度均值为 2.21（n=41，SD=0.529）。对国别线索熟悉度进行配对 t 检验，中、美国别线索动漫作品熟悉度差异十分显著，t（40）=−5.598，$P<0.001$（双侧）；中、日国别线索动漫作品熟悉度差异十分显著，t（40）=−8.449，$P<0.001$（双侧）；美、日国别线索动漫作品熟悉度差异十分显著，t（40）=−3.605，P=0.001（双侧）（详见附表 7.5）。

表 7.5 为男性和女性被试对不同国别线索的动漫作品熟悉度情况。通过数据分析可知，男性和女性被试对日本国别线索动漫作品熟悉度有显著差异，t（39）=−2.918，P=0.006；对中国国别线索动漫作品熟悉度没有显著差异，t（39）=−0.723，P=0.474；对美国国别线索动漫作品熟悉度没有显著差异，t（39）=−1.301，P=0.201（详见附表 7.6）。

表 7.5 不同性别被试对不同国别线索的动漫作品熟悉度

国别线索	性别	样本量	均值	标准差
日本	男	20	1.981	0.457
	女	21	2.424	0.512
美国	男	20	2.344	0.512
	女	21	2.566	0.573
中国	男	20	2.876	0.527
	女	21	3.002	0.584

用美国动漫作品熟悉度减去中国动漫作品熟悉度作为被试对美国动漫作品相对熟悉度，得到均值为 −0.483（n=41，SD=0.552），同理得到日本

动漫作品相对熟悉度均值为 –0.732（$n=41$，$SD=0.555$）。对两组相对熟悉度进行配对样本 t 检验，得到美－中、日－中动漫作品熟悉度之间的相对熟悉度差异十分显著，t（40）$=3.605$，$P=0.001$（双侧）（详见附表 7.7）。

表 7.6 为男性和女性被试对日本、美国动漫作品的相对熟悉度情况。数据分析结果表明，性别线索对日本动漫作品相对熟悉度临界显著差异，t（39）$=-1.884$，$P=0.067$；性别线索对美国动漫作品相对熟悉度无显著差异，t（39）$=-0.550$，$P=0.586$（详见附表 7.8）。

表 7.6　不同性别被试对日本、美国动漫作品的相对熟悉度

国别作品相对熟悉度	性别	样本量	均值	标准差
美国动漫作品相对熟悉度	男	20	−0.532	0.505
	女	21	−0.436	0.602
日本动漫作品相对熟悉度	男	20	−0.895	0.515
	女	21	−0.578	0.559

（三）来源国形象与动漫熟悉度的联合

考察被试品牌相对外显态度和动漫作品相对熟悉度的相关性。数据结果显示，美国品牌相对外显态度和美国动漫作品相对熟悉度不相关，$r=0.054$，$P=0.737$（详见附表 7.9）；日本品牌相对外显态度和日本动漫作品相对熟悉度不相关，$r=-0.060$，$P=0.71$（详见附表 7.10）。说明品牌相对外显态度和动漫作品相对熟悉度之间并没有相关性，其将对内隐数据独立发挥作用。

二、内隐数据结果

（一）数据的预处理

国内对 IAT 数据有常用的两种处理方法，一是将反应时取对数（杨扬子 等,2008），二是按 Greenwald（1995）的方法对 D 值进行原始算法计算。

该实验依据 Greenwald（2003）的方法对 D 值进行新算法计算，对得到的 IAT 数据再进行处理。新算法的特点是注重计算 D 值，具体做法是，首先剔除反应时大于 10000ms 的反应，如果被试在一个任务中有 10% 以上次数的反应时小于 300ms，则要剔除该被试；对于每一个任务内错误的反应，其反应时用正确反应的平均反应时加 600ms 代替，之后再算出该任务的平均反应时；然后用不相容任务与相容任务的反应时之差除以这两个任务的所有反应时的标准差得到一个商数；将由练习任务得到的商数和由正式任务得到的商数平均，得到 D 值。它反映受测者的内隐态度中，偏好中国品牌搭配中国动漫作品的程度。本章用 D1 值表示中 – 美 IAT 效应值，用 D2 值表示中 – 日 IAT 效应值。

（二）数据结果

在中国和美国品牌的分类任务中，被试的 D1=0.722，SD=0.347，单样本 t 检验结果显著相关，$t(40)=13.297$，$P < 0.001$（双侧）（详见附表 7.11）。这一结果表明，消费者对于将中国品牌和中国动漫作品归于一类（同时将美国品牌和美国动漫作品归于一类）的反应时显著短于将中国品牌和美国动漫作品归于一类（同时将美国品牌和中国动漫作品归于一类）的反应时。由此可知，被试在内隐态度上对美国品牌搭配中国动漫作品的态度较美国品牌搭配美国动漫作品的态度更加消极。

数据统计发现，男性与女性 D1 值有显著差异，$t(39)=2.113$，P=0.041（详见附表 7.12），女性 D1 值高于男性 D1 值。这说明女性相比男性，在内隐态度上对美国品牌搭配中国动漫作品的态度较美国品牌搭配美国动漫作品的态度更加消极。

在中国和日本品牌分类任务中，被试的 D2=0.575，SD=0.376，单样本 t 检验结果显著大于零，$t(40)=9.800$，$P < 0.001$（双侧）（详见附表 7.13）。这一结果表明，消费者对于将中国品牌和中国动漫作品归于一类（同时将

日本品牌和日本动漫作品归于一类）的反应时显著短于将中国品牌和日本动漫作品归于一类（同时将日本品牌和中国动漫作品归于一类）的反应时。由此可知，被试在内隐态度上对日本品牌搭配中国动漫作品的态度较日本品牌搭配日本动漫作品的态度更加消极。

三、外显与内隐数据的关联性检验

外显数据表明，被试对美国品牌相对外显评价度和日本品牌相对外显评价度较高，这说明被试对美国品牌和日本品牌的外在态度更加积极。从性别来看，女性比男性对日本动漫作品熟悉度更高，女性与男性对日本动漫作品的相对熟悉度有明显差异。

内隐数据表明，被试更愿意接受中国品牌与中国动漫作品的联合、美国品牌与美国动漫作品的联合、日本品牌与日本动漫作品的联合，但是显著不愿意接受中国品牌与美国或日本动漫作品的联合，美国或日本品牌与中国动漫作品的联合。

考察来源国效应数据和内隐数据相关性，被试对美国品牌相对外显态度与中美品牌—动漫内隐联想 D1 值不相关，$r=-0.221$，$P=0.166$（附表 7.14）；被试对日本品牌相对外显态度与中日品牌—动漫内隐联想 D2 值不相关，$r=-0.079$，$P=0.625$（详见附表 7.15）。这说明被试对美国和日本的相对外显态度与中美动漫—品牌 IAT 实验、中日动漫—品牌 IAT 实验关联性不大；被试对美国、日本品牌相对外显态度与中美动漫—品牌 IAT 实验、中日动漫—品牌 IAT 实验关联性极弱，即品牌来源国效应没有在动漫—品牌 IAT 实验中起到作用。

考察动漫作品熟悉度数据和内隐数据相关性，被试对美国动漫作品的相对熟悉度与中美品牌—动漫内隐联想 D1 值不相关，$r=0.022$，$P=0.889$（详见附表 7.16）。被试对日本动漫作品的相对熟悉度与中日品牌—动漫内隐联想 D2 值相关，$r=0.310$，$P=0.048$（详见附表 7.17）。说明被试对日本动漫作品的相对熟悉度显著与中日品牌—动漫内隐联想 D2 值相关联。

考察不同性别被试对动漫作品熟悉度数据和内隐数据相关性。数据结果显示，男性被试对日本动漫作品的相对熟悉度和中日品牌—动漫内隐联想值 D2 并不相关，$r=0.006$，$P=0.980$（详见附表 7.18）。女性被试对日本动漫作品的相对熟悉度和中日品牌—动漫内隐联想 D2 值十分显著相关，$r=0.562$，$P=0.008$（详见附表 7.19）。说明性别线索对日本动漫作品相对熟悉度与中日品牌—动漫内隐联想值相关性有极大差别，女性被试的数据显示出这两者相关性非常高。图 7.1 是女性对日本动漫作品相对熟悉度与 D2 值的散点图。

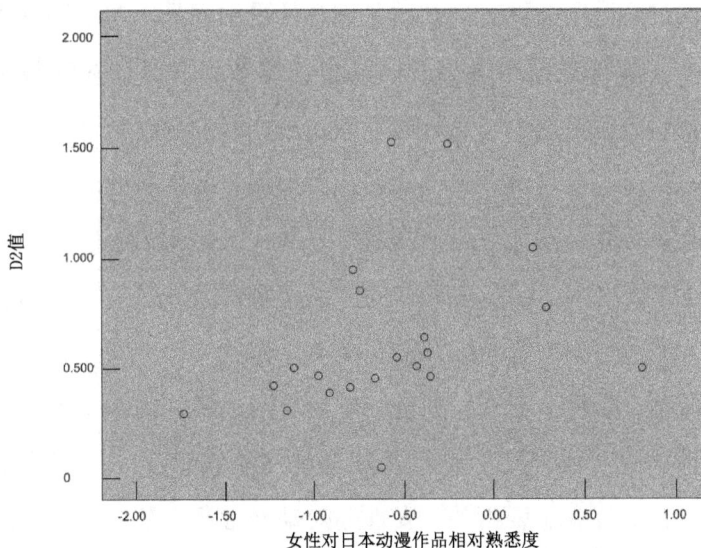

图 7.1　女性对日本动漫作品相对熟悉度与 D2 值的散点图

第四节　小　结

被试对美国和日本的外显品牌来源国效应评价显著超过对中国品牌的评价，说明被试对美国品牌和日本品牌外在态度更加积极。性别线索对美国品牌的外显态度临界显著，女性对美国品牌的来源国外显态度好于男性，对中国和日本的来源国外显态度没有显著的性别差异。

被试对不同国别线索的动漫作品熟悉度有显著差异，对中国动漫作品熟悉度最高，其次为美国动漫作品和日本动漫作品。男性和女性被试对日本动漫作品熟悉度有显著差异，女性对日本动漫作品的熟悉度更高。

IAT 实验结果与前两章中外显态度的结果一致，即品牌国别和动漫作品国别一致时接受度会更高。被试更愿意接受中国品牌与中国动漫作品的联合、美国品牌与美国动漫作品的联合、日本品牌与日本动漫作品的联合，而显著不愿意接受中国品牌与外国动漫作品的联合或外国品牌与中国动漫作品的联合。本章研究支持知名动漫形象和国别一致时会有更好联合效应的结论，动漫形象与名人、国别同样具有"来源国效应"。

无论是中美之间，还是中日之间，品牌来源国外显效应与动漫—品牌的 IAT 效应之间的相关性的统计学意义不显著。

中美之间动漫熟悉度外显测量结果与动漫—品牌的 IAT 效应之间的相关性的统计学意义不显著，中日之间动漫作品熟悉度外显测量结果与动漫—品牌的 IAT 效应显著相关。女性会对动漫形象来源国感知更强烈，且对日本动漫作品熟悉度的高低与中日动漫—品牌的 IAT 效应有较高的相关性，而男性对日本动漫作品熟悉度的高低与中日动漫—品牌的 IAT 效应没有显著差异。说明日本动漫作品熟悉度引发了更强烈的"来源国效应"。

第八章　综合讨论

鉴于被试类别考察和态度测量的复杂性，本研究主要采用实验法，以行为分析与脑电分析相结合的研究方式，探讨动漫形象与品牌代言间相关的注意、情绪、行为和意义迁移机制。

本研究设定的6个基本问题如下：

H1　动漫爱好者与非动漫爱好者对动漫形象与明星的注意与情绪反应是否存在显著差异。

H1.1　动漫爱好者与非动漫爱好者对动漫形象与明星的注意是否存在显著差异。

H1.2　动漫爱好者与非动漫爱好者对动漫形象与明星的情绪反应是否存在显著差异。

H2　动漫爱好者与非动漫爱好者对动漫形象与明星代言的好感度是否存在显著差异。

H3　人们对动漫形象与明星代言的出价行为是否存在显著差异。

H3.1　人们对同一品牌的动漫形象/明星代言效果的出价行为是否存在显著差异。

H3.2　人们对不同品牌的动漫形象/明星代言效果的出价行为是否存在显著差异。

H4　中国动漫形象代言不知名中外品牌的效果是否存在显著差异。

H5　中国动漫形象代言知名中外品牌的效果是否存在显著差异。

H6　中外品牌与中外动漫形象联合的外显与内隐态度是否存在显著差异。

下面就本研究涉及的主要问题做出综合讨论。

第一节　动漫形象和明星引发的注意差异

之前对动漫形象和明星的注意差异的研究比较依赖于产品线索（谢绥萍，2008；Callcott et al., 1994; Stafford et al., 2002），研究结论往往因为变量或刺激物的选择不一致导致结果存在不一致的情况。这说明选择功能型 / 享乐型这一产品线索类型具有极大的不确定性，它并不能作为判别动漫形象 / 明星代言效果差异的特定指标。

实验一的反应时数据显示，刺激类别的注意存在显著差异，而被试类别的注意没有显著差异。被试对动漫形象类别的反应时显著长于明星类别。脑电 P170 成分数据印证了反应时数据的这一结论。P170 成分常被认为与注意、刺激低水平物理属性或分类相关（Halgren et al., 1994），但近期研究表明，视觉刺激分类加工可能在刺激呈现后 150ms 左右就开始了（Thorpe et al., 1996）。实验组与对照组 P170 成分幅值没有显著差异，这说明被试间快速注意脑机制差异不显著。诱发 P170 成分的原因可能与实验刺激引起的注意有关，也可能与色彩分类相关。以往实验大量使用面孔刺激诱发被试的 P170 成分，近期有研究利用情绪字词同样也能引发 P170 成分，但没有得出 P170 成分与情绪加工相关的结论（Lu，2013）。

N270 成分被认为与冲突信息的加工有关，研究表明，N270 成分不仅可以由数值的冲突引起，而且可以由刺激物之间的颜色、形状、朝向等冲突引出，N270 成分既可以由外来刺激物之间的特征冲突引出，也可以由外来刺激信息与人脑内源产生的信息之间的冲突产生（赵仑，2010）。实验一中，被试内线索在 F 区的 N270 成分幅值差异显著，即动漫形象线索和明星线索在 F3、F4 电位所诱发的 N270 成分差异显著。王慈（2011）曾发现异族效应表现为前额部诱发的 N270 成分，并且与异族面孔相比，本族面孔变化能诱发更大的 N270 波幅，且存在右半脑优势，但本实验并不存在右半脑优势。F3、F4 电位动漫形象线索引发的 N270 值无显著差异，$F_{(1, 20)}=1.326$，$P=0.265$（详见附表 8.1），F3、F4 电位明星线索所引发的 N270 值无显著差异，$F_{(1, 20)}=3.179$，$P=0.091$（详见附表 8.2）。有研究者在对名人面孔引发的 ERP 研究中发现了比非名人面孔引发的振幅更小的 N2 成分，并认为是语义性熟悉引发了 N2 成分振幅的减小，即反映了从语意记忆中提取面孔识别信息的过程（Nessler D et al., 2010）。本研究中不同人物线索引发的 N270 成分差异可能由被试对动漫形象和明星记忆提取的难易程度不同造成。相比明星，动漫形象的记忆提取更加容易，因此 N270 成分幅值更小。

实验一还诱发了 N430 成分，波幅从大到小为 P 区、C 区、F 区。C3、Cz 电位被试类别的 N430 幅值有临界显著差异。F3 和 P3 电位在被试内条件下动漫线索能诱发比明星线索更大的 N430 波幅。对 N4 成分的研究多见于句尾歧义词、相关与无关词、词与非词、新词与旧词以及图片命名（赵仑，2010）。对感情色彩双字词内隐加工研究表明，词性线索类别诱发的 N400 成分在 F3 、Fz、F4、C3、Cz 、C4 、Pz 这 7 个电位差异显著（王一牛 等，2007）。根据 Rugg 等人（1998）对内隐和外显记忆过程的比较，可推测本研究中 N430 幅值差异可能是由动漫形象与明星线索的内隐记忆自动识别过程的不同造成。

第二节　动漫形象和明星引发的情绪差异

该研究首次采用神经学方法对动漫形象与明星的注意与情绪差异进行研究，首次发现了两种刺激线索在两种被试类别下的注意差异和情绪差异。研究对动漫形象和明星诱发情绪机制的考察使用了静态重复和动态重复两种方式。

在静态考察中，实验一诱发了被试的 LPP 成分，振幅从大到小为 P 区、C 区、F 区。LPP 成分被认为是 ERP 中的情感唤醒和持续注意资源分配过程的产物。

被试类别对 C3、Cz、C4、P3、P4 电位的 LPP 成分主效应显著，对 Pz 电位为临界显著，实验一中对照组的 LPP 振幅显著大于实验组。因此我们推断非动漫爱好者可能更容易受到动漫形象／明星的影响。而动漫形象／明星线索并未在任一电位对 LPP 振幅大小造成差异，这说明在情感唤起方面，动漫形象与明星无显著差异。由于角色或故事所赋予的强大生命力和影响力，动漫形象的情绪唤起与频繁曝光在公众面目下的明星类似，这也显示了被成功塑造的动漫形象的持久影响力。袁瑞贤（2011）的研究结果表明，粉丝／非粉丝在观看名人／非名人图片时诱发的两线索主效应，在被试内（名人图片）和被试间（粉丝）的结果均为显著差异，然而实验一的研究结果并不与袁瑞贤对名人效应的神经机制研究结论一致。显然，动漫爱好者相对于非动漫爱好者来说，情绪较难唤起。

实验二的刺激材料为动态视频，通过测量被试的 EEG 数据，进而揭示出视频广告中的代言线索差别。Coan 和 Allen（2003）的研究论证了左、右脑前额叶的 α 波的不对称性是一种普遍存在的情况，包括与情绪刺激相关的前额叶皮质的调节和与情绪状态相关的变化，均可以被视为情绪强度的一个标记物；Davidson 在 2004 年再次强调了前额叶皮质对情绪处理起到的作用。实验二的结果显示，动漫爱好者对动漫形象有较好的情绪感知，但这种感知没有表现在对品牌的情绪感知上面，且明星代言不能很好地激发起动漫爱好者的积极情绪。从神经层面的表现来看，该现象符合学界对"二次元住人"的描述和界定，而"礼物""0 利率"等因素却能引发动漫爱好者的积极情绪感知。非动漫爱好者对"明星"有较好的情绪感知，但这种感知同样没有表现在对品牌的情绪上面。诚然，消费行为是一个极为复杂的系统，难以通过一两个实验就对某一群体的消费现象和习惯做出判断，这是今后值得去探讨的领域和方向。

第三节　动漫形象与明星代言的出价行为效果差异

实验三 a 发现，在同一品牌条件下，线索类别对出价的主效应显著，对动漫形象代言款的出价显著高于明星代言款，且线索类别对出价原价差的差异显著。实验三 a 的结果与实验二的 EEG 数据相互印证，实验二中被试类别情绪指数总体均值没有显著差异。

实验三 b 发现，在不同品牌条件下，视频线索对出价的主效应不显著，对出价原价差的差异也不显著，且对不同品牌的代言广告进行对比显然要复杂得多。研究还表明，品牌识别正确率和代言人识别正确率对被试的出价没有显著差异。在实验三 b 的两则视频材料中，两种汽车品牌识别率无显著差异，且男明星识别正确率显著高于动漫形象。从注意差异到情绪唤起，影响出价行为的因素复杂，各因素之间的关系更为复杂。汽车作为一种高卷入度耐用品（刘雯，2009），通过研究可得出：①代言人可以影响对广告和品牌的感知，但对出价行为的作用有限。②品牌识别无法外化为出价行为。③大学生被试对汽车品牌价值的认定与市场对品牌价值的认定并不一致。在世界知名咨询公司华通明略（Millward Brown）发布的2013 年全球顶级品牌价值排行榜中，丰田（视频 1）高居汽车品牌价值榜第一，而标致（视频 3）并未入围。品牌市场价值与消费者感知确实存在差异。

第四节 中国动漫形象和不知名品牌的联合

实验四的结果显示，国别线索与反应时差异显著，被试对中国动漫形象代言中国不知名品牌接受的反应时最短，其次是美国不知名品牌，最长的为日本不知名品牌。反应时指标在实验四中反映了被试的内隐熟悉度，反应时越短，说明被试越容易接受联合。

中国动漫形象与中外不知名品牌的联合接受度存在差异。相同国别的联合接受度显著高于不同国别的联合接受度，相同国别的联合接受度为七成左右，而后者仅为两成左右，从而可以推断出，在动漫形象与不知名品牌的联合上，显著存在"内外有别"。男性和女性对中国动漫形象代言中国不知名品牌的接受度存在十分明显的差异。对于男性而言，接受和拒绝的可能性基本各占一半，而女性的接受度接近74%，这说明女性对于中国动漫形象代言的不知名品牌的国别因素较为敏感。

不知名外国品牌选择中国动漫形象代言，会存在较大的市场风险，不知名外国品牌可能不仅没有通过中国动漫形象获得消费者的好感，这种联合反而会使消费者产生"别扭"的感觉，进而影响对品牌的感知。不恰当的代言还会出现适得其反的结果。

虽然同一国别的动漫形象与不知名品牌联合接受度大大高于不同国别线索的情况，但接受度并不理想。这表明动漫形象代言策略并非万全，同样存在风险性。不知名品牌在消费者心里并没有形成品牌印象，使用动漫形象和品牌联合并不会被完全接受，反而更难提升品牌的价值和好感度。

第五节　中国动漫形象和知名品牌的联合

实验五的结果显示，被试对中国动漫形象代言美国知名品牌接受的反应时最短，日本知名品牌次之，中国知名品牌最长。中、美，中、日国别线索差异显著，美、日国别线索差异不显著。造成反应时差异的原因可能是被试对不同国别知名品牌的内隐熟悉度不同，内隐熟悉度越高，反应时越短。

被试对中国动漫形象代言知名品牌国别线索接受度有十分显著差异。被试更加认可中国动漫形象代言中国知名品牌，而代言美国、日本的知名品牌的认可度较低。其中，女性对美国、日本知名品牌的接受度显著低于男性，女性对中国动漫形象代言美国或日本知名品牌的接受度也更低。女性接受度更低的原因可能是女性对知名品牌的来源国更加敏感。这一结果与中国动漫形象代言不同国别的不知名品牌接受度相同，即女性更倾向接受中国动漫形象代言中国不知名品牌，也更倾向拒绝中国动漫形象代言美国和日本的知名品牌。一项对北京女性的实证研究表明，"城市女性消费者对商品有着更为明显的产地偏好，她们更加重视商品的符号价值"。（方亚琴 等，2012）

第六节 动漫形象的来源国效应

研究包含了两个纸笔形式的外显态度测量和一个内隐态度的测量，试图考察两个外显变量与内隐变量之间的相关性。外显测量采用了改进的COO问卷和自制的动漫作品熟悉度量表，内隐态度的测量是中、美、日国别线索的品牌和动漫形象搭配的偏好。内隐态度测量采用了改进后的IAT内隐测量方法。

来源国形象外显评价显示，被试对美国和日本品牌的外显态度评价显著好于对中国品牌的外显态度评价。这一结果支持最早研究来源国效应的Schooler（1965）的研究发现：来自经济发达国家的产品比来自经济较不发达国家的产品更受欢迎；还与2002年华通明略所做的城市调查结果相吻合：七成中国消费者认为中外品牌有明显差异，并认为产品品质、品牌知名度、品牌形象、产品功效是中外品牌主要的差异点（丘永梅，2007）。数据还显示，女性对美国品牌的来源国形象评价相比男性更为积极，这说明女性对美国品牌的感知更容易受到"美国"这一来源国形象的影响。

不同国别线索的动漫作品熟悉度存在差异，并且女性对日本动漫作品的熟悉度更高。与产品来源国形象不同，动漫形象的来源国效应可能与日本动漫形象的独特个性和日本动漫作品长期形成的独特风格密切相关，这完全得益于日本形成了区别于他国的鲜明的动漫形象塑造方法和独树一帜的日式画风（李思屈，2006）。

IAT实验结果显示，品牌国别和动漫形象的国别一致时，被试的接受度会更高。实验六支持名人和国别一致时会有更好的联合效应的结论。

品牌来源国形象与IAT实验的D值不相关，但动漫作品熟悉度有效地影响了人们对IAT的判断。结果显示，中日之间动漫作品熟悉度外显测量结果与动漫—品牌的 IAT 效应显著相关，中美之间动漫作品熟悉度外显测量结果与动漫—品牌的 IAT 效应之间的相关性不显著。

赵志霞与唐娟（2011）的研究认为，数码品牌中来源国效应显著存在，国外品牌比国内品牌具有显著的优势。实验六在 IAT 实验设计中采用真实的电子产品品牌，产品类别的科技含量对来源国效应可能有调节作用。以往研究表明，科技含量越高的产品，来源国效应对发达国家的品牌越有利，对较不发达国家的品牌不利（黄合水 等，2006）。实验六的数据表明，品牌的来源国效应与不同国别的品牌—动漫联合的相关性并不显著，虽然数码产品对来源国效应有调节作用，但对本实验结果的影响并不显著。

第七节　动漫形象品牌代言的整合模型

目前对动漫形象品牌代言研究的焦点是动漫形象代言的吸引力、信度和意义转换，然而不同的研究和分析模型存在较大分歧，各研究结论也大相径庭。在借鉴前人提出的动漫形象品牌代言模型的基础上，笔者结合认知测量、情绪测量和内隐联想，尝试着提出基于认知、情绪和脑机制的动漫形象品牌代言模型，如图 8.1。

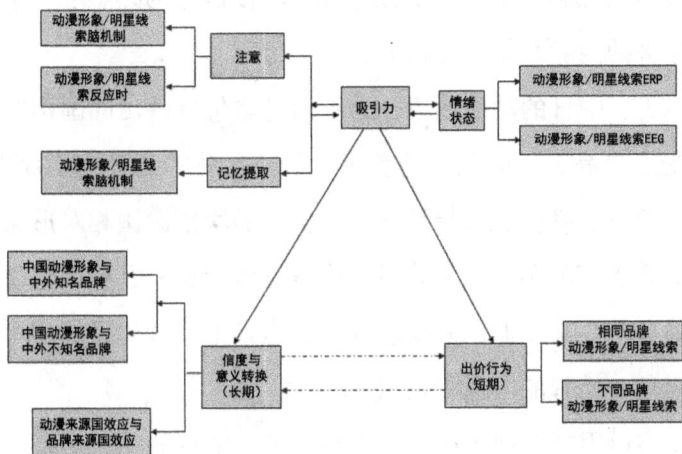

图 8.1　基于认知、情绪和脑机制的动漫形象品牌代言模型

（1）动漫形象和明星能诱发快速注意。相比明星，动漫形象会引起更长时间的注意，动漫形象信息的记忆提取会更加容易。

（2）从静态和动态考察动漫形象代言的情绪影响。相比动漫爱好者对动漫形象线索广告更有好感，非动漫爱好者对明星有更多的情绪感知即对明星线索广告更有好感。

（3）动漫形象和明星的代言提升了对广告的好感度，但对出价行为的影响有限。相同品牌条件下，被试对动漫形象线索的出价反应更积极，但不同品牌条件下两种线索差异不显著。

（4）中国动漫形象代言不知名品牌存在显著的同国别效应。同国别线索的接受度存在性别差异，女性对同国别线索的认可度更高。

（5）中国动漫形象代言知名品牌存在显著的同国别效应。不同国别线索的接受度存在性别差异，女性对知名品牌线索的认可度更低。

（6）中外品牌的来源国形象存在差异。美国和日本品牌的来源国形象高于中国品牌来源国形象，并且女性对美国线索有更高的评价。不同国别线索的动漫作品熟悉度不同，女性对日本动漫作品的熟悉度与中日虚拟动漫形象—品牌的内隐联想高度相关。

（7）中美、中日的动漫形象—品牌内隐联想反映出同国别的动漫形象与品牌接受度更高，不同国别的动漫形象—品牌的意义连接效果不理想。中美动漫形象—品牌内隐联想反映出与美国品牌来源国相对形象和美国动漫作品相对熟悉度的不相关性。虽然中美动漫形象—品牌内隐联想反映出中美动漫形象与品牌来源国效应不相关，但日本动漫作品的相对熟悉度与中日动漫形象—品牌的内隐联想相关。

（8）需要运用社会神经认知科学对中美、中日的动漫形象—品牌内隐联想的脑机制进行专门研究。

第九章　结论与进一步研究设想

本研究首次从传播学的角度出发，采取认知、情绪和脑电分析结合的实验范式，通过情绪Stroop、启动探测、内隐联想等实验方法，设计了6组实验考察动漫形象代言在吸引力、信誉度与跨文化意义传达上的效果，有效地反映出了人们看待动漫形象代言的自动加工过程与控制过程，弥补了以往研究的不足。本研究对构建和完善包括认知、情绪加工和行为在内的动漫形象代言模型有重要理论意义，对今后动漫形象代言的选择、评价具有较显著的实际应用价值，能引发新历史条件下人们对文化符号如何影响人们的精神世界与物质世界的思考。

本研究得到以下主要结论：

（1）动漫爱好者与非动漫爱好者对动漫形象和明星的注意没有显著差异；被试对动漫形象信息的加工时间长于明星；动漫形象相比明星，信息提取更加容易，动漫形象在F3、F4电位诱发了更小的N270波幅。

（2）在C3、Cz电位，不同被试类别的N430幅值有临界显著差异。在被试内条件下，动漫形象线索在F3和P3电位能诱发比明星线索更大的N430波幅；本研究中N430幅值差异可能是由动漫形象与明星线索的内隐记忆自动识别过程的不同造成。

（3）在C3、Cz、C4、P3、P4电位，被试类别的LPP成分主效应显著，在Pz电位为临界显著，对照组的LPP波幅显著大于实验组，非动漫爱好者可能更容易受到动漫形象和明星的影响。

（4）动漫爱好者对动漫形象代言广告的情绪指数较高，明星难以唤起动漫爱好者的积极情绪。非动漫爱好者对明星代言广告的情绪指数较高，但这种积极情绪没有转移到品牌感知上。

（5）同一品牌条件下，被试对动漫形象代言产品出价更高，出价原价差更大；在不同品牌条件下，动漫形象和明星线索对出价的主效应不显著，对出价原价差的差异也不显著；代言行为对出价的作用极为有限。

（6）对不知名品牌来说，相同国别的动漫—品牌的联合接受度显著高于不同国别的动漫—品牌联合接受度；女性对于中国动漫形象代言同国别品牌的接受度更高。

（7）对知名品牌而言，被试对中国动漫形象代言知名品牌的国别线索的接受度有十分显著的差异，被试更加认可动漫形象代言同国别品牌；女性对外国国别线索的接受度显著低于男性。

（8）被试对美国和日本品牌的外显态度评价显著好于对中国品牌的外显态度评价；女性对美国品牌的来源国形象评价相比男性更为积极。

（9）被试对中、美、日三国动漫作品熟悉度有显著差异，并且女性比男性对日本动漫作品的熟悉度更高；内隐联想实验表明，动漫形象与品牌国别一致时较容易获得认可；被试对日本作品的相对熟悉度与中日品牌—动漫内隐态度呈显著正相关；女性被试对日本作品的相对熟悉度与中日品牌—动漫内隐态度呈十分显著的正相关。

本研究存在以下不足：

（1）研究着重考察了中国动漫形象对中外品牌的代言效果，但只研究了日本和美国的相关情况，对其他国家动漫形象和品牌代言效果考察不足。

（2）受到实验分析软件的限制，没能对动漫形象与明星的注意和情绪的脑机制进行进一步的溯源分析，期望在以后的研究可更精确地对相关脑区进行定位。

（3）下一步将采用多通道的生理、心理指标采集信息，以提高研究结果的信度。

在本研究基础上，可进一步展开的动漫形象品牌代言效果研究的设想有：

（1）扩大样本选择范围，考虑不同文化背景、不同年龄段对动漫形象品牌代言的注意、情绪、态度和行为。

（2）比较不同性别被试面孔识别动漫形象注意差异的脑电反应。

（3）探讨动漫形象个性特质与产品类型的匹配度。

第十章　认知神经科学与传播研究：
路径、发展与未来方向

认知神经科学是近 20 年来出现的新兴学科，是在心理学、计算机科学、人工智能、语言学、人类学、神经科学等基础科学及哲学的交界面上发展起来的新兴学科，力图揭示人们认知过程的神经机制，特别是对脑机制的研究（Wiles et al., 1999）。认知神经科学出现以后，很快影响到了社会科学研究，有研究尝试利用神经科学研究技术揭示社会现象（如用于探究我们大脑的脑成像技术）的神经基础。神经科学研究技术作为新的技术，正逐渐影响着金融、法律、政治、艺术、战争甚至宗教信仰在内的人类生活的方方面面（扎克·林奇，2011）。语言学、经济学、管理学等学科尝试运用认知神经科学方法探讨人类信息加工、认知、情感、决策、动机等问题，开拓认知神经科学与社会科学研究的新局面（李思屈 等，2016）。认知神经科学在研究感知、注意、记忆、思维、情绪等领域取得的进展对传播研究产生了深远影响。本章根据国外研究文献，就认知神经科学与传播研究的路径和近期研究进展进行评述，并介绍国外学者对该领域未来发展的展望。

第一节　认知神经科学与传播学研究的路径

一、媒介心理学：从行为主义到认知加工的变迁

20 世纪 30 年代，行为主义风潮席卷社会科学领域，这也对传播学研究造成了长达数十年的影响。行为主义者认为，人们无须了解行为背后的"隐藏机制"，大脑是未知的"黑箱"，只需关注人在受到外界刺激后做出的系列反应就行。传播学经验学派的研究受行为主义心理学说的影响，多以实验和调查的方法来研究传播过程与效果之间的因果关系，开创了从行为科学角度研究人类传播的途径。经验学派由于放弃了探究刺激—行为背后的因素，只是简单地讨论现象层级的映射关系，行为主义无法在理论上持续提供新思想的给养，经验学派的传播研究也从一开始的蓬勃兴盛到后来的停滞不前。

与行为主义在传播学中的长期停滞不同，心理学研究较早放弃了行为主义，取而代之的是以信息加工理论为主导的研究范式。行为主义将人脑对信息的处理过程视为"黑箱"，但技术的发展使探索"黑箱"成为可能，并从信息加工的假设出发建立了新的理论框架。在此过程中，媒介心理学有三次登场：第一次登场与行为主义相伴相生却黯然退场；第二次登场在理论与设备的牵绊中被束之高阁；第三次登场与行为主义彻底告别，逐渐形成了基于信息加工理论的媒介生理心理学研究范式，并在理论上做出了独特贡献（罗伯特·F. 波特 等，2012）。其间的标志性事件是，在媒介心理学领域做出卓越贡献的 Lang（1994）出版了《媒介心理反应测量》（*Measuring Psychological Responses to Media*）一书。后续研究者对该书给予很高的评价，认为该书突破了单纯技术上的讨论，解释了具体的心理测

量如何用于"评估媒介信息的心理加工"的框架，成为了媒介心理学近 30 年里程碑式的著作（罗伯特·F. 波特 等，2012；Lang et al., 2003）。

二、认知神经科学的勃兴与传播学的新进路

在心理学研究领域，20 世纪中期的"认知革命"被"大脑的十年"和 20 世纪 90 年代的"认知神经科学革命"（The Cognitive Neuroscience Revolution）所击败，并产生了许多新的学术期刊和学术团体（Miller，2003）。随后，神经心理学研究迅速扩展到现代心理学的几乎所有领域。在媒介心理学中，对媒体效应的生物学基础解释可以追溯到 20 多年前（Cappella，2010；Potter et al., 2011; Niklas, 2004; John et al., 2004; Sherry, 2015; Weber et al., 2008）。最近该领域的研究增加了神经心理学的关注以及修正的理论，使该学科与上述范式转换一致（Afifi et al., 2014; Weber et al., 2015; Lang, 2013）。

进入 21 世纪的第二个 10 年，《传播与认知科学：媒介心理生理学测量的理论与方法》一书刻画了认知神经传播学研究的理论路径与方法论基础，并展示了传播学在借鉴认知神经科学的理论成果与研究手段方面所取得的丰硕成果，表明传播学研究的认知神经范式已然诞生的事实（姜孟，2015）。最新版的《牛津媒介心理学手册》（*The Oxford Handbook of Media Psychology*）涵盖了神经科学与媒介心理学的相关研究成果。其中收录了 Bartholow 与 Bolls（2012）的《媒介心理生理学：大脑内外》（"Media Psychophysiology: The Brain and Beyond"）一文，该文介绍了媒体受众的心理生理反应，尤其关注了媒体内容如何影响神经反应，以及神经反应作为心理和行为反应的生物机制。该文强调了研究个体如何与媒体互动的心理生理学方法，并在理论和方法上提供了丰富的环境，以促进各种形式的媒介体验如何影响思想、感觉和行为的科学研究。该文还介绍了事件相关电

位、心率、皮肤电等心理生理测量方法在认知和情绪、媒介暴力、说服等重要研究领域中的应用。虽然媒介的形态变化很大，但在笔者看来，媒介心理生理学关注的重点并未转移。

2013 年到 2015 年，国际传播协会（ICA）连续三次接受并促成了主题为"进化、生物学与大脑"（Evolution, Biology, and Brains）的预备会议，并获得 ICA 最大的几个分会的支持（Weber，2015）。会议旨在将传播学各个子领域的研究者聚集在一起，利用进化理论、神经科学和生物学方法解决传播研究中的核心问题。研究者们将认知神经科学方法（如功能磁共振成像、事件相关电位）、心理学方法（如实验室中的行为实验，现实世界中的广泛调查、经验取样等）与传播研究整合到一起。会议议题包括五个重要方面：第一，如何将生物学的方法、观点、假设纳入传统研究范式中，并为人际传播、媒介效应和群体关系的研究提供新机会？第二，随着生物学解释越来越多地介入，传播研究如何识别、分类和理解其研究对象，如何理解研究结论并展开整合性研究。第三，社会和公共话语被日益强大的经济、政治和技术利益所主导，传播研究如何利用生物学方法测量隐含过程，并为解决这一难题提供新的洞察。第四，传播研究何以挑战权威、特权和权力。生物学研究范式将是媒介环境与健康、政策结果相联系的中介。第五，如何挑战曾被普遍接受的传播概念？由于生物范式提供了新方法来测量结构和解释原因，因此被认为是更新传播概念的"催化剂"。

第二节　认知神经科学与传播理论交叉研究的进展情况

一、研究范式与理论模型

（一）研究范式和方法论的探讨

传播研究蕴含着的危机引发了对研究范式转换的讨论。2013 年，朗（Lang）与帕罗夫（Perloff）展开了对传播学危机的讨论。朗认为大众传播有成为大众传播或媒体效果（media effect）的范式。在过去几年里，这个领域断断续续产生了各种成果，以及最近对效果范式（effect paradigm）的适用性的关注也有所增加；但传播理论只预测了传播行为中的一小部分变化，传播理论虽越来越纷繁复杂，却没有增加它的解释力。传播领域有越来越多的研究基于不同的假设提出了不同的问题，并使用了新的方法解决。朗认为，随着危机的爆发，正常的科学阶段结束了，现在传播学处于库恩所描述的在危机期间发生的、革命性的科学阶段。就像在传播领域所发生的那样，革命性的科学被一种看似随机的、非典型的研究方法所概括，它改变了假设和问题，并引入了新的方法（Lang, 2013）。朗在方法论层面的探讨引发了研究者们对传播研究范式变革的深思，同时也收获了从事认知神经科学与传播研究的同行的共鸣。

事实上，人脑是人类思想、情感、想象和行为的生理基础，其运作规律是人类认识自己绕不开的一道关隘。由于缺乏可靠的实验手段，一直以来，传统人文社会科学对人类认知的研究手段大多限于主观的观察、内省和建立在观察、内省基础上的文本分析、问卷、访谈等，其研究过程和结论都难免受到主观因素的影响（李思屈，2016）。Weber（2015）提出神经生物学、认知神经科学发展在方法论理论和实践中提供了一些重要的更新。近些年，研究者对生物（生理）传播的研究显著增多，新的理论提出了将传播作为复杂动态系统（Lang，2013）。同样的，对传播问题的神经生理学研究表明，人类传播是随时间变化的物理系统的涌现特质，人脑是其中的一个核心系统（Weber et al.，2008）。神经生物学观点认为，前景的动态发生过程体现在许多层面和尺度上，大脑、个人、社会和物种是从不同物理基质的动态相互作用中产生的。Lang（2013）还警告说，研究范式和一般性理论（general theory）若不能跟上传播学和相关学科的发展趋势，其中的一些领域将面临与时代脱节的风险。

为了评估那些使用 fMRI 方法的传播学研究，韦伯（Weber）、马库斯（Markus）和赫斯基（Huskey）提供了导读、指南和清单，这些材料也为"艰深"的 fMRI 研究做了一次祛魅。Falk 等人（2015）专注于大脑成像如何被用来发展与传播相关的神经预测因子，这特别适用于典型的传播问题。O'Donnell 和 Falk（2015）提出了一种新方法，他们将语言分析与神经成像结合起来，以预测在人口水平上的成功交流。Koruth 等人（2015）研究了一组副交感神经系统的指标，这些指标可以通过皮肤电导和心率来计算，他们在理论命题的指导下，通过比较研究为各种指标的选择和使用提供了具体建议。Beatty 等人（2015）介绍了脑电图分析，并演示了大脑在各种人际环境中的活动过程。

（二）LC4MP 的验证和推进

LC4MP 是动机化媒介信息加工的有限容量理论模型（limited capacity model of motivated mediated message processing）的简称，由美国印第安纳大学学生 Annie Lang（安妮·朗）在 2006 年提出。该理论模型被认为是继社会认知理论、涵化理论、使用与满足理论、议程设置与框架理论之后媒介心理学研究的重要成果。LC4MP 假定人们是有限容量的处理器，并且在媒体使用期间，认知资源被自动且连续地分配给信息的编码、存储和检索。

该模型包括两个自动资源分配机制，其中的主要内容都已经在媒体实验室中进行验证。LC4MP 将心理生理学测量放在工具箱中的关键位置，让研究者在任何涉及诸如媒介内容这样复杂的社会刺激加工时，能观察人类心智的运作（罗伯特·F. 波特 等，2012）。在此之后，LC4MP 作为一项理论工具，被广泛地运用到健康传播、以电子游戏为载体的媒介暴力研究（Schneide et al., 2010），电子游戏环境中的广告效果研究（Park et al., 2014; Chung et al., 2016），游戏中的广告植入研究（Dardis et al., 2012），对特定媒介内容动机激活作用的检查（Rubenking, 2012），网页信息搜索（Kim et al., 2014），暴力视频游戏对玩家的影响（Farrar, 2015），双重动机系统与情绪、认知和行为模式对威胁的反应的联系（Han, 2015），与媒介信息处理相关的事件相关电位等媒介心理研究中，甚至在教育技术学（instructional technology）研究中也得到了证实，如情绪直观教具对网络健康教育学习绩效和心理努力的影响（Stróżak et al., 2016）。该理论模型从提出到现在，已得到了不断验证和完善，2017 年出版的《国际媒介效果百科全书》（*The International Encyclopedia of Media Effects*）还收录了该理论模型（Lang, 2017）。作为第二代认知理论与媒介研究结合的成果，该模型在信度和效度两方面都得到了广泛的认可，并在这一领域产生了深远的影响。

二、媒介心理生理学测量方法

2015 年，《媒介心理学：理论、方法与应用》杂志推出一期特刊，题为《脑、心智与媒介：当神经科学遇到媒介心理学》。Weber（2015）撰文指出了媒介心理研究的跨学科性与认知神经科学方法进展缓慢的事实。心理学、传播学、教育学、计算机科学和其他学科的学者都致力于人们如何使用媒体，以及今天的媒体如何影响人类的思想和社会生活的研究。虽然心理学的其他子领域的学者已经在研究人类心智的神经科学推理方面取得了重大进展，但直到最近，认知神经科学才进入了媒介心理学领域。造成这种局面的原因是人们不接受脑—心智随附性，并且坚定认为在媒介心理学和传播学中，理论发展和准确预测不需要在大脑机制层面展开。尽管如此，认知神经科学依旧给传播研究带来了新方法、新研究、新问题。

（一）使用功能性磁共振成像研究传播问题的边界

使用功能性磁共振成像的研究在 2010 年出现爆炸性增长，《自然》杂志统计出每年约有 1500 篇关于功能性磁共振成像的论文发表，在所有实证科学中呈上升趋势。功能性磁共振成像是目前脑成像研究的主力工具，只要实验的设计和方法正确，就可以为传播理论做出宝贵的贡献（Weber et al., 2015）。在大多数情况下，功能性磁共振成像研究能解决基本的和非常具体的问题。用功能性磁共振成像测试一个理论预测首先需要清楚地定义这个概念，以便观察大脑活动的不同模式，并有意义地检验预测。

受到唯物主义传播学范式转变的启发，脑成像方法在传播中的应用正在兴起（Lang, 2013）。功能性磁共振成像研究在传播研究核心领域的最新发展趋势引起了人们的两大关注。首先，这一趋势会导致传播领域有用知识的增加，还是"神经科学的蠢话"会取代传统的传播研究？在更广泛的传播研究中，许多人继续提出类似的关切。已有学者证明，功能性磁共振成像研究提供了至关重要的附加因变量，有助于约束理论测试（White C N et al., 2013）。Greenwald（2012）分析了自 20 世纪 50 年代以来认知和社会心理学中的 13 个主要理论争议，并认为只有一个可以算作已解决，且这一解析是神经成像数据的结果，而不是基于行为或自我报告。其次，关于究竟什么是正确设计和如何进行功能性磁共振成像研究的问题，对于许多传播学者来说很难回答。在传播研究中，如何区分好的、相关的功能性磁共振成像研究与坏的、无关的功能性磁共振成像研究是个难题。能够熟悉功能性磁共振成像方法和传播理论的研究者不多，大多数的传播学者认为功能性磁共振成像研究太过困难、深奥和危险。功能性磁共振成像研究的困难在于前期需要大量的培训和经验，但实际上，受过社会科学方法论训练的传播学者已经具备了对功能性磁共振成像研究进行成熟评价和批判所需的许多技能，这些研究大多建立在许多学者所熟悉的核心科学原则之上（Weber et al., 2015）。

Cacioppo 等人（2009）提出，在概念层次上功能性磁共振成像有三个基本研究问题，可为推进传播理论提供潜在有用的答案。第一，一个参与到传播现象的特定心理过程可定位到特定的大脑网络吗？简单地定位神经活动本身就没有什么理论价值，这种脑图谱研究是检验理论的必要先导。在其他研究领域，许多基本的脑成像研究已经开展，但这些研究认知过程的兴趣可能并不能直接适用于传播。因此，定位研究还在主导神经成像研究的初始阶段，这为更好地解释和预测传播现象奠定了基础。第二，在传播任务中是否能找到一个局部的心理过程？例如，在一定程度上，认知攻击会有选择地参与专门的大脑系统，如果参与者玩暴力的电子游戏，或者其他已经成熟的心理过程能更多地参与到这个任务中，那么研究认知攻击的标记就更有价值（Heisel, 2009）。第三，不同的传播任务是否有不同的或常见的处理机制？对于这个问题，选择性和功能专业化的要求并不像前两个问题一样重要，因为结论是通过比较两个或更多的大脑状态，而不是通过解释一个特定的大脑活动模式推断出来。例如，对计算机中介传播感兴趣的学者可研究真人面孔是否与虚拟化身面孔具有相同的机制，以及真实性或中介在这个任务中占有多大的重要程度（Churches et al., 2014）。通过对这三个问题的考察，研究者能大致判断出使用认知神经科学方法研究传播问题的可靠性、价值量、适当性。

（二）脑电技术（EEG/ERP）进行传播研究的进展

传播研究的最新进展强调了当代传播学者对大脑在传播研究中的关

注。传播学家们现在正在使用一些技术让他们能够看到"黑箱",而不仅仅是推测它内部可能发生的过程。脑电方法可以在大脑皮层广泛的区域内测量真正的神经活动,这些区域包含了传播学者感兴趣的、有关传播的认知功能。参与者可以在数据收集过程中与实验者、其他参与者在理性或技术范围内进行互动,从而促进在社交互动或与技术接触时的皮层活动。

2000年左右,比蒂(Beatty)和麦克罗斯基(McCroskey)开创了一种科学研究范式,他们将个体差异与潜在神经生物学系统的个体差异联系起来,并称为"传播生物学范式"。除了提出由一组具体的假设所支持的范例之外,比蒂与合作者在2009年编撰了《传播的生物学维度:视角、方法与研究》一书,试图提供一个平台来研究生物学对广泛意义上的传播过程的影响,而不考虑范式取向。他们的研究理论视角包括进化心理学、认知神经科学、生物社会方法和生物基础研究方法,具体技术包括磁共振成像、脑电图分析、心率和激素反应的测量等。书中还囊括了多篇关于脑电研究在大众传播中的应用的重要文献。Heisel等人(2009)在其中一篇中详细介绍了脑电图(EEG)在传播研究中的应用,在书的第三部分"理论与研究项目"中,还收录了与比蒂关于大脑皮层活动与信息规划的研究,韦伯等人谈论大众传播研究中的神经物理学视角的研究也收录其中。这几篇先导性极强的介绍文章,对推动脑电方法在传播研究中的应用起到不可替代的作用。

尽管事件相关电位方法与社会认知情感神经科学不像其他神经成像技术一样被广泛使用,却具有独特的优势。2014年,阿莫迪奥(Amodio)、巴塞洛(Bartholow)和伊藤(Ito)专门介绍了ERP技术和社会认知情感神经科学的独特性,包括利用ERP技术处理社会知觉、社会认知、态度、影响和自我规制等一系列问题,并运用ERP技术在这些领域做出重要的理论进步。无论是单独使用还是与其他技术相结合,ERP技术都是社会认知情感神经科学方法论工具箱中的重要部分。

第三节　认知神经视角下的传播效果研究进展

一、媒介暴力的认知神经研究

媒介暴力是传播效果研究的重要内容，常常引起社会广泛关注。波特强调，心理生理学在研究媒介暴力理论的基础心理过程方面具有重要地位。心理生理学测量标示着暴露于媒介化信息期间诱发的涉身性过程，这些过程是任何潜在的，或将要出现的媒介内容的"效果"基础（罗伯特·F. 波特 等，2012）。惠特克（Whitaker）、布什曼（Bushman）和霍斯曼（Huesmann）是媒介暴力研究的重要学者，他们提出媒介暴力对于个体的影响主要沿着三条线展开。一是侵略效应（aggressor effect），即暴露于媒介化暴力中会增加攻击行为；二是良知麻木效应（conscience-numbing effect），即暴露于暴力讯息导致了对他人的痛苦和苦难变得麻木；三是受害恐惧效应（fear-of-victimization effect），即媒介化的暴力增加了人们对于自己成为暴力受害者的恐惧（Whitaker et al., 2009; Bushman et al., 2012）。沿着这三条线索，可以考察认知神经科学在传播效果研究中做出的贡献。

侵略效应已经得到了神经科学的印证。Murray 等人（2006）对儿童观看电视暴力时的大脑反应进行了研究。在这项研究中，在 8 个孩子观看暴力视频和非暴力视频时对他们大脑进行了功能性磁共振成像测量，结果发现，观看暴力和非暴力视频激活的内容包括视觉运动、视觉对象和场景以及听觉。然而，观看暴力视频时大脑有选择地组织了右半脑区域的网络，包括楔前叶、后扣带回、杏仁核、顶叶、额叶和前运动皮层，且海马体、颞叶、枕叶的双侧激活明显。在暴力视频的观看过程中短暂地出现了一个大脑区域网络，该区域涉及情绪、觉醒和注意力的调节，情景记忆编码和检索以及运动编程。这种大脑激活模式可以解释许多研究中观察到的行为效应，如用来发现孩子频繁观看暴力视频更容易表现出攻击性。广泛地观看暴力视频可能会导致大量的攻击性脚本储存在大脑后扣带回的长期记忆中，使其能快速回忆攻击性的场景，这为公开的社会行为提供指导。

良知麻木效应（脱敏）亦得到印证。有一项针对暴力视频游戏是否会引发攻击性的研究，采取事件相关的功能性磁共振成像方法，让 13 个男性参与者玩最新的暴力视频游戏。实验结果表明，虚拟暴力会抑制前扣带皮层和杏仁核的情感区域，进而抑制前扣带皮层积极情绪的活动变化，参与者脑区所受到的显著影响可被视为由虚拟暴力造成。实验还进一步讨论，在虚拟暴力中加强情感抑制可能是一种看似合理的学习机制，但并不能证明神经机制的排演必定能促进现实生活中的攻击性行为（Weber et al., 2006）。

暴露于视频游戏暴力（VGV）会导致对暴力材料的脱敏，并可能改变与面部表情相关的积极情绪的处理。有脑电研究的数据显示，与评价处理相关的 ERP 定向和持续调制、与 ERP 相关的瞬时调制对暴力视频游戏的暴露非常敏感。Lang（2012）也关注玩暴力电子游戏是否会引起脱敏、简化和解除抑制的心理效应，并采用心率和皮肤电的心理生理指标进行研究，结果是第一人称射击游戏确实能引起认知、生理和情绪状态的这些必要模式。经验丰富的暴力游戏玩家比缺乏经验的暴力游戏玩家更容易被唤醒（因为需要脱敏）。此外，在玩游戏的过程中，探索和寻找敌人的行为变得更少了，而战斗和杀戮会随着时间的推移而变得更有激情，如脱敏和简化。

2011 年 *Nature Reviews Neuroscience* 发表的《玩电子游戏的大脑》（"Brains on video games"）一文中，刊登了 6 位专家对这个问题的回应，这些回应充斥着视频和电脑游戏对大脑的影响的故事（Bavelier et al.,

2011）。在专家看来，使用视频游戏会"损害大脑"或"增强脑力"等耸人听闻的新闻标题，不但没有对研究的复杂性和局限性做出公正的判断，还让公众更加迷惑。视频游戏这一概念涵盖的游戏内容、形态差别非常大，笼而统之地认为视频游戏会有益或有害于情绪感知、认知能力的说法并不恰当。例如，长时间玩暴力视频游戏的玩家的亲社会行为确实有显著地减少，但科学界对这个问题仍有分歧。由于这个领域的研究还处于初期阶段，因此还有不少问题和挑战应该被解决以推动该领域的发展，从而进一步揭示大脑可塑性的神经机制。

二、影像的认知神经研究

早在 1990 年，戴文森（Davidson）等人利用静息态脑额叶不对称性考察了大脑在观看电影片段时的情感反应。虽然随着功能性磁共振技术的兴起，对大脑半球优势的争议渐多，利用左右脑不对称性的研究已不是主流，但影像媒介在人脑中的反应和加工机制却始终是一大热门领域。

"神经电影学"（Neurocinema）这个概念因哈森（Hasson，2008）的研究而闻名。哈森等人所做的最重要的研究是在观众看电影时检查其大脑的反应和活动。他在这项研究中使用了功能性磁共振，以及一种叫作"主体间相关性（ISC）分析"的新方法。哈森的研究结果表明，结构化电影可以显著控制观众的大脑活动。事实上，在广阔的大脑区域内，视觉、听觉、语言感知、感觉、情感以及多感官区域等的相互关联性还是高的。这证实了电影导演让－吕克·戈达尔（Jean-Luc Godard）的言论，他称电影是一种多维度的艺术。事实上，这种多维度的艺术可以影响大脑的不同区域，这是电影与意识结构最重要的相似之处。阿卜杜勒礼萨（Abdorreza）认为，神经电影学是一个新出现的研究电影与大脑关系的领域。神经电影学能揭示大脑受到电影影响的事实，因此这项交叉科学有助于我们研究电影与心灵的关系，并为研究者验证不同文化中的文化差异和大脑功能的不同假设提供了机会。

此外，一些神经科学与电影的研究在技术与生物学层面提供了新的见解。理解剪辑的电影或视频、描述视觉动作需要复杂的知觉和认知活动，一项研究使用功能性磁共振成像技术，在观看正常视频动作序列时识别出了唯一激活的分布式皮层网络，包括外纹状皮层网络，如颞叶、顶叶和额叶、扣带回后部，并主要在大脑右半球（Daniel et al., 2006）。值得注意的是，尽管没有激活大脑左半球的经典语言区域，但大脑左半球语言区域中与大脑右半球的同源物也有被激活。

三、说服与健康传播的认知神经机制研究

（一）说服的认知神经机制研究

说服是传播研究中的重要议题。早期，该领域的研究主要集中在文献中的经典说服观察效应的神经基础。克卢恰廖夫（Klucharev）、斯密特（Smidts）和费尔南德斯（Fernandez）（2008）的研究表明，信息来源度高的专业知识能产生更大的神经激活，包括参与语意细化的假设区域（侧前额叶皮层），与记忆编码相关的内侧颞叶区域，以及与评估有关的纹状体区域。同时，该类研究也绘制了一些信息特征的神经关联，如信息感知价值和论据强度（Langleben et al., 2009; Lang et al., 2008; Ramsay et al., 2013; Weber et al., 2015）。

尽管说服性信息经常通过改变人们的自我报告态度和意图来表现行为，但这些自我报告不一定能预测行为变化。Falk 等人（2013）证明了神经信号对说服性信息的反应可预测行为变化，这也是第一个功能性磁共振成像研究，证明了神经信号可以预测复杂的真实世界行为。三年之后，Falk 进一步整合了相关的研究成果并提出：目前的神经科学知识已经可以

补充其他现有的心理测量方法来预测大脑行为和其他重要的结果，这种大脑预测方法需要将传统的神经成像方法与行为结果的测量方法结合起来，超出了直接的实验阶段。最近的实验表明，大脑预测方法确实可以预测结果（购买决策、临床结果），超越了过去自我报告数据的方式（Berkman et al., 2013）。

（二）健康传播的认知神经机制研究

健康传播研究集中于预测说服性信息的有效性。然而，信息本身和接收器的特征都能影响理论预测的效果。例如，当暴露于反对毒品的公益广告时，高药物风险的个体将这些信息视为低效率，而不考虑消息感知值（message sensation value）和论证强度（argument strength）的变化。因此，对于高风险人群，消息感知值和论证强度失去了在信息设计中的预测能力。此外，通过高消息感知值来劝阻药物使用的做法可能是无效的，因为高风险的受众更有可能进行抗辩。利用功能性磁共振成像技术研究抗辩的神经关联也取得了一定进展，即通过在自我报告数据中加入两个位于额中回和颞上回的神经预测因子，高药物风险个体在反驳过程中信息有效性的预测精度可以达到甚至超过低药物风险个体的预测精度（Weber et al., 2015）。

有关戒烟的研究一直在健康传播领域备受关注。从方法上讲，神经活动的研究是对现有自我报告措施的有益补充，基于神经活动的行为变化预测已经延伸到了一个重要的健康领域。有研究测试了神经活动是否对帮助吸烟者戒烟的信息做出了反应，结果发现，内侧前额叶皮层（mPFC）区域的活动与成功戒烟之间有一种积极的关系（Falk et al., 2011）。而一项针对尝试戒烟的自我控制神经系统的研究发现了日常反应抑制的指标。研究通过整合神经影像和经验 – 抽样方法，在尝试戒烟的吸烟者中发现，他们能成功地自我控制大脑系统。在自我控制的过程中，右下额回、辅助运动区和基底神经节的激活增加，在基线时的反应抑制作用和随后吸烟之间的减弱有关。这些发现支持神经认知任务作为日常反应抑制指数的有效性。

Falk 等人（2016）的一项研究还成功地用功能性脑成像预测了公共健康运动的成功。研究表明，处理与自我相关的大脑活动可预测对健康信息做出反应的个人行为。

（三）广告与营销

在过去几年里，神经科学方法在广告学、营销学、消费者行为学中广泛应用，并得到了相当大的普及。神经成像比其他广告和营销方法更便宜、更快，同时，神经成像能够为广告和营销人员提供传统广告和营销手段无法获得的信息（Ariely et al., 2010）。在调查问卷和访谈的基础上，神经营销学和神经科学方法比传统的研究方法更能揭示和提供关于消费者体验的隐藏信息（Falk et al., 2012; Ariely et al., 2010）。通过直接测量消费者的眼动跟踪、皮肤电、脑电图、事件相关电位和功能性磁共振成像数据，学术界与业界找到了兴趣的交叉点（Plassmann et al., 2015）。

神经科学方法在广告学、营销学、消费者行为学中的新进展推翻了人们对消费者行为的普遍成见。理性和情绪化不一定为对立的，它们也可以互补。它揭示了消费者在使用心理计算过程时，不同于市场营销者在时间、评级和选择问题中所假定的逻辑推理，消费者常常被幻想所引导（Zurawick，2010）。

在功能和目的上，有学者建议区分神经营销学与神经科学的概念（Andrija et al., 2013）。神经营销学在媒体中经常被使用，通常围绕着潜在的伦理问题及消费者对普遍存在的社会负面后果的担忧。然而，从发展一种试图解释人类行为（如消费）的生物模型的角度看，神经营销学对科学的积极贡献往往被忽视。神经营销学最常见的担忧是对消费者自主权、隐私和控制的威胁，而不是由于当前的能力和神经营销学研究的实施而导致的道德问题。但在工业领域的神经营销学研究中可能会出现严重的伦理问题，它在很大程度上是隐秘和不透明的（Stanton et al., 2016）。这种担忧源自对数据滥用的恐惧以及对不可知风险评估的困难。

最近的研究表明，人类大脑中巨大的相互联系的网络负责我们的高级认知能力，而不是简单地将信息扩展到大脑的特定区域，比如前额叶皮层（Hawrylyc et al., 2015）。这意味着简单地在行为和脑区之间建立映射存在着巨大的反科学风险（Esch et al., 2012）。虽然目前学者对消费者决策过程进行了分阶段的研究，但还没有出现统一的模型来说明注意力、记忆等子过程是如何整合起来并同时用于决策和解决问题的（Breiter et al., 2015）。因此有必要建立一个综合模型，帮助我们全面理解消费者的决策，这一领域的未来研究将为消费者大脑信息处理的集成模型提供新的思路（Agarwal et al., 2015）。

第四节　认知神经科学与传播研究的问题与展望

一、对认知神经科学的批评

还原论是神经科学方法研究常常要面对的一大难题。将整个认知神经科学的研究内容概括为"大脑如何创造精神"的说法不够准确，研究者会很容易陷入"生理决定心理"的还原论陷阱中。李其维（2008）提出有关心理活动的认知神经科学研究可在十余个层次上展开：大规模皮层的动态活动、神经回路、神经元、突触及其神经递质、膜及其离子通道、生物化学、基因（遗传学）、分子生物学、分子及其自组织、化学键以及量子力学水平等。当它们要对心理做出解释时，都不能改变其从属于心理学的地位。神经科学、认知心理学可为揭示和概括心理层面规律找到实证依据，因为 ERP、fMRI、PET 等技术手段可为心理活动提供较行为层面的"反应时"和"正确率"更为精细的时空数据。当行为层面和生理层面两个类型的数据相互联系、印证之时，认知神经科学的研究将获得真正有别于还原论解释的科学意义。

认知神经科学与传播研究所面临的问题还很多。其还处在起步阶段，一些认知科学家批评功能性磁共振研究作为"新颅相学"和"花哨的方法论"并不能解决概念或理论上的争议（Uttal，2001）。然而，目前已经有人证明，功能性磁共振研究提供了关键的额外因变量，有助于约束理论检验（constrain theory testing）（White et al., 2013）。

二、认知神经科学与传播研究的未来方向

（一）整合媒介研究要解决三层次问题

虽然最近在媒介心理学领域的研究活动有所增加，但媒介心理学与认

知神经科学之间的联系仍然很少，媒介心理学家对综合媒介研究的接受程度仍然相对较低（Weber et al., 2015）。其中有两个原因：一是对神经科学数据的解释潜力存在怀疑，二是缺乏神经科学论和方法论训练，这导致了关于研究问题的不确定性，使其不能以一种有意义的方式与神经科学进行探讨。这两种情况都导致人们倾向忽视认知神经科学的最新发展和研究成果，或者拒绝接受其对推进媒介心理学研究的相关性。

认知神经科学在传播中的研究问题可以分为三类——定位、选择和归纳，三类问题需在不同层次上进行处理。第一类问题涉及特定认知结构定位或定位过程中的神经结构；第二类问题需研究不同认知过程中的神经结构；第三类问题研究了在不同的传播任务中，相同的心理过程所涉及的程度（Weber et al., 2015）。

（二）以认知神经科学重塑媒介心理学

事实上，媒介心理学和认知神经科学之间已经存在相当大的重叠领域，神经科学的新见解有可能重塑媒介心理学的研究。在人际与群体间的信息加工研究中，媒介心理学家对人际和群体间的神经生理学描述，特别是关于人的感知、移情反应、刻板印象、社会比较和社会互动的描述抱有很大的兴趣。在人的感知和移情反应研究里，生物过程通过思考人们的动机而不是考虑人们的简单运动行为，验证了媒介心理学家现有的理论和实证研究成果，支持并扩展了媒介在心理观念的发生和传播；在刻板印象和社会比较方面，对影像学的研究揭示了刻板印象的激活方式；在社会互动的研究上，神经同步性的发现为计算机中介传播的基本问题提供了解释。

（三）情境下的媒介认知神经科学研究

人际与群体层面的传播研究将取得更大突破，主体间的同步性和叙事参与的研究将成为一种理解传播的广泛框架。人际交往将大脑活动与个人联系起来，同样的过程也可在受众的层面上运行。主体间的相关性（ISC）

提供了一个模型，它可以自由地观察个体大脑反应的共性，这使得 ISC 特别适合媒介心理学中常用的低控制刺激（例如电影、音乐、视频游戏）（Pajula et al., 2012）。近期，超级扫描允许同时对多个参与者的大脑进行成像，这对理解媒介与神经同步之间的关系具有重要意义。这一方法已被应用于解决多个经验问题，如同时运动行为、手势交流和非言语表情的情感表达，这对互动媒体感兴趣的人有着重要的意义。

此外，神经科学与计算社会科学的交叉是一种有前途的新方法创新。神经科学通常在个体层面上进行处理，但所谓的大数据通常是在许多个体之间进行聚合，神经科学和计算社会科学的交叉可以强有力地相互补充（O'Donnell et al., 2015）。更确切地说，计算社会科学可以加强对个人层面的分析，特别是我们对大脑的理解；神经科学有助于揭示从微观到中观，再到宏观观察的机制。

未来，认知神经科学的思想、方法和技术会在传播研究中扮演越来越重要的角色。通过整合研究方法，这个快速发展的领域将会吸引更多的研究者去探索未知的人类奥秘。

参考文献

波德里亚，2009. 象征交换与死亡 [M]. 车槿山译. 北京：译林出版社.

保罗•克莱姆齐，2010. 决策、不确定性和大脑:神经经济学 [M]. 北京：中国人民大学出版社.

陈志良，2000. 虚拟：哲学必须面对的课题 [J]. 新华文摘，5：38-39.

陈自强，于继慧，1988. 世界卫生组织行为功能核心测试方法指标评价及评判标准 [J]. 中华预防医学杂志，22：27.

邓彦妮，2011. 国产动漫创作和传播策略的分析与研究 [D]. 广州：广东工业大学.

董小苹，王丛彦，2008. 青少年动漫爱好现状调查 [J]. 当代青年研究，9：10.

范周，储钰琦，2012. 中国动漫产业浮华背后的忧思 [J]. 同济大学学报（社会科学版），23(1)：53-58.

方亚琴，丁春平，2012. 对城市女性消费主义实践的实证研究:以北京为例 [J]. 现代营销 (10)：76-79.

菲利普•科特勒，2001. 营销管理 [M]. 北京：中国人民大学出版社.

高鸿桢，2003. 实验经济学的理论与方法 [J]. 厦门大学学报（哲学社会科学版），(1)：5-14.

郭俊涛，2007. 广告的虚拟代言人 [J]. 经营管理者，1：86-89.

过宏雷，2009. 企业与品牌形象设计 [M]. 北京：中国建筑工业出版社.

韩凌云，2011. 品牌虚拟形象代言人设计与推广研究 [D]. 广州：广东工业大学.

韩若冰，韩英，2012. 日本"御宅族"的行为方式及其消费特征 [J]. 山东社会科学，6：37.

何苗，2011. 精神符号在电影中的选取，植入与传递:电影《盗梦空间》的符号学阐释 [J]. 浙江艺术职业学院学报，4：10.

何苗，刘研，2013. 国际视野中的文化产业研究路径变迁 [J]. 天府新论，2：22.

华英，2001. 永远的经典:20世纪十大最佳商标和标志 [J]. 广告大观（综合版），3：23.

黄丽华，2010. 情绪和记忆提取信息对禀赋效应的影响 [D]. 开封：河南大学.

黄郁嘉，2010. 虚拟代言人广告与企业品牌形象之关联性研究:以上海商业储蓄银行的虚拟代言人 pukii 为例 [D]. 台北：世新大学.

姜孟，2015. 传播学研究的认知神经科学进路:认知神经传播学展望 [C]//中国认知传播学会第二届学术年会论文集.

金迪斯，鲍尔斯，2005. 走向统一的社会科学：来自桑塔费学派的看法 [M]. 浙江大学跨学科社会科学研究中心译. 上海：上海人民出版社.

卡尼曼，2012. 思考，快与慢 [M]. 北京：中信出版社.

孔金连，2007. 长沙市漫迷群体的消费行为研究 [D]. 长沙：中南大学.

李丹，2010. 代言人与品牌个性匹配、卷入度、暴露频次对品牌态度的影响研究 [D]. 长沙：湖南师范大学.

李东进，武瑞娟，李研，等，2012. 山寨产品／真品相似性评价与山寨产品购买意愿 [J]. 管理学报，9(9)：1356-1364.

李光斗，2009. 品牌拜物教 [M]. 上海：复旦大学出版社 .

李平平，2004. 虚拟代言人的务实操作 [J]. 企业改革与管理 (8) : 62-63.

李其维，2008."认知革命"与"第二代认知科学"刍议 [J]. 心理学报，40(12) : 1306-1327.

李思屈,2016. 认知神经科学与新闻传播研究新范式 [J]. 新闻与写作 (8) : 34-37.

李思屈，2006. 数字娱乐产业 [M]. 成都：四川大学出版社 .

李思屈，2007. 中国数字娱乐产业发展战略研究 [M]. 北京：社会科学文献出版社 .

李思屈，诸葛达维，2016. 认知神经科学方法在媒体效果测评中的应用研究:以电视剧收视率预测为例 [J]. 现代传播（中国传媒大学学报），38(9) : 37-43.

李涛，2007. 美、日百年动画形象研究 [D]. 成都：四川大学 .

刘棋芳，2007. 卡通虚拟代言形象在商业推广中的应用研究 [D]. 长沙：湖南师范大学 .

刘雯，2009. 基于贝尔模型的高卷入耐用品品牌形象构成维度分析 [J]. 国际商务研究，4 : 61-69.

刘馨予，2012. 网购决策效率影响因素的实验研究 [D]. 成都：西南财经大学 .

吕忆兰，2008. 虚拟代言人物类型对网络广告效果影响之研究 [D]. 台北：台北大学 .

罗伯特·F. 波特，保罗·D. 博尔斯，2012. 传播与认知科学:媒介心理生理学测量的理论与方法 [M]. 北京：清华大学出版社 .

马红骊，方芸秋，1992. 启动效应的研究及其理论 [J]. 心理科学，15(5) : 35-41.

马茜，2010. 我国漫迷对中日动漫的感知差异研究 [D]. 长沙：中南大学．

马英，方平，2009. 情绪效价对决策的影响 [J]. 社会心理科学 (5)：38-40.

马正平，杨治良，1991. 多种条件下启动效应的研究 [J]. 心理科学（1）：10-15.

秦珍子，2007. 当真实遭遇完美："虚拟偶像"挑战传统偶像 [J]. 经营管理者（5）：30.

丘永梅，黄合水，2007. 品牌形象及其比较研究回顾 [J]. 广告大观（理论版）(2)：59-67.

任平，2000. 哲学研究：如何走向全球化网络时代 [J]. 江海学刊（4）：72-75.

沈汪兵，刘昌，罗劲，等，2012. 顿悟问题思维僵局早期觉察的脑电研究 [J]. 心理学报，44(7)：924-935.

施卓敏，范莉洁，温琳琳，2011. 面子知觉对原产国品牌的内隐和外显态度的影响研究 [J]. 营销科学学报 (3)：25-41.

孙威，2008. 动漫卡通形象代言:品牌代言的新途径 [J]. 辽宁经济 (10)：65-65.

托马斯•库恩，2003. 科学革命的结构 [M]. 北京:北京大学出版社．

王铖，2011. 非均衡"多人共决"实验 [D]. 上海:华东师范大学．

王慈，2011. 异族效应的脑机制：一项 ERP 研究 [D]. 杭州:浙江大学．

王丹，闫巩固，蒙荟，2007. 中国人是"理性"还是"慷慨"?——最后通牒博弈的实验研究 [A]// 第十一届全国心理学学术会议论文摘要集．

王海忠，赵平，2004. 品牌原产地效应及其市场策略建议:基于欧、美、日、中四地品牌形象调查分析 [J]. 中国工业经济，1(78)：1.

王一牛，2007. 感情色彩双字词内隐加工的 ERP 研究 [J]，北京师范大学学报（自然科学版），2（3）：16-18.

王玉，2007. 卡通营销:虚拟品牌代言人走俏 [J]. 企业研究（3）：30-35.

魏景汉，罗跃嘉，2002. 认知事件相关脑电位教程 [M]. 北京：经济日报出版社.

翁娟，2010. 注意水平对个体疼痛共情的影响 [D]. 长沙：湖南师范大学.

吴文，2004. 面孔加工识别的时空特性及脑机制研究 [D]. 重庆：第三军医大学.

谢绥萍,2008. 探析广告代言人原理及其对实践的意义 [J]. 今日财富(10)：76-77.

严晨，2012. 中国动漫明星广告潜力研究 [D]. 南昌：南昌大学.

杨扬子，黄韫慧，施俊琦，2008. 中国消费者对本国／日本品牌的外显和内隐态度:内隐联想测验在来源国效应研究中的应用 [J]. 营销科学学报，4(2) ：130-140.

杨治良，1997. 实验心理学 [M]. 杭州：浙江教育出版社.

殷伟群，李健，2006. 虚拟形象代言在广告活动中的角色分析 [J]. 商场现代化 (12Z) ：223-224.

袁瑞贤，2011. 名人效应神经机制的探索性研究 [D]. 杭州：浙江大学.

张红霞，张益，2010. 国别属性重要吗？代言人与广告效果关系研究的新视角 [J]. 心理学报，42(2) ：304-316.

张继焦，帅建淮，2002. 成功的品牌管理 [M]. 北京：中国物价出版社.

赵仑，2010.ERPs 实验教程 [M]. 南京：东南大学出版社.

钟毅平，孙羽中，张杰，2007. 情绪 Stroop 效应：来自汉字的证据 [J]. 心理科学，30(4) ：778-781.

周靖，2005. 浅谈卡通形象的个性化创造 [D]. 武汉：武汉理工大学.

周象贤，金志成，2006. 情感广告的传播效果及作用机制 [J]. 心理科学进展，14(1)：126-132.

朱岳，2008. 萌系御宅族的后现代性状 [J]. 东南传播，12：154-155.

庄贵军，周南，周连喜，2006. 国货意识，品牌特性与消费者本土品牌偏好：一个跨行业产品的实证检验 [J]. 管理世界 (7)：85-94.

扎克·林奇，2011. 第四次革命 [M]. 北京：科学出版社．

濱崎雅弘，武田英明，西村拓一，2010. 動画共有サイトにおける大規模な協調的創造活動の創発のネットワーク分析：ニコニコ動画における初音ミク動画コミュニティを対象として [J]. 人工知能学会論文誌，25(1)：157-167.

後藤真孝，2012. 初音ミク，ニコニコ動画，ピアプロが切り拓いた CGM 現象 [J]. 情報処理，53(5).

Afifi T D, Floyd K, 2015. Communication, biology, and physiology: An introduction to the special issue[J]. Communication Monographs, 82(1):1-3.

Agarwal S, Dutta T, 2015. Neuromarketing and consumer neuroscience: Current understanding and the way forward[J]. Decision, 42(4):457-462.

Ahern G L, Schwartz G E, 1985. Differential lateralization for positive and negative emotion in the human brain: EEG spectral analysis[J]. Neuropsychologia, 23(6):745-755.

Ambler T, Braeutigam S, Stins J, et al., 2004. Salience and choice: Neural correlates of shopping decisions[J]. Psychology & Marketing, 21(4):247-261.

Amodio D M, Bartholow B D, Ito T A, 2013. Tracking the dynamics of the social brain: ERP approaches for social cognitive and affective neuroscience[J]. Social Cognitive and Affective Neuroscience, 9(3):385.

An S K, Lee S J, Lee C H, et al., 2003. Reduced P3 amplitudes by negative facial emotional photographs in schizophrenia[J]. Schizophrenia Research, 2003(64):125-135.

Anderson D R, Fite K V, Petrovich N, et al., 2006. Cortical activation while watching video montage: An fMRI study[J]. Media Psychology, 8(1):7-24.

Ariely D, Berns G S, 2010. Neuromarketing: The hope and hype of neuroimaging in business[J]. Nature Reviews Neuroscience, 11(4):284-292.

Aue T, Lavelle L A, Cacioppo J T, 2009. Great expectations: What can fMRI research tell us about psychological phenomena?[J]. International Journal of Psychophysiology Official Journal of the International Organization of Psychophysiology, 73(1):10-16.

Bargh J A, Nosek B A, Greenwald A G, et al., 2007. The implicit association test at age 7: A methodological and conceptual review[J]. Social Psychology, 115:265-292.

Bartholow B, Bolls P D, 2012. media psychophysiology: The brain and beyond[M]//Dill K. Oxford handbook of media psychology. New York: Oxford University Press Inc, 474-495.

Bavelier D, Green C S, Han D H, et al., 2011. Brains on video games[J]. Nature Reviews Neuroscience, 12(12), 763.

Beatty M J, Lewis R J, 2009. Cognitive neuroscience perspective[M]// Beatty M J, McCroskey J C, Floyd K. Biological dimensions of communication: Perspectives, methods, and research, cresskill. NJ: Hampton Press.

Bechara A, Damasio A R, Damasio H, et al., 1994. Insensitivity to future consequences following damage to human prefrontal cortex[J]. Cognition, 50(1-3):10-15.

Bechara A, 2004. The role of emotion in decision-making: Evidence from neurological patients with orbitofrontal damage[J]. Brain and cognition, 55(1): 30-40.

Belson K, 2003. Hello Kitty: The remarkable story of sanrio and the billion dollar feline phenomenon [M]. Hoboken: John Wiley & Sons.

Berkman E T, Falk E B, 2013. Beyond brain mapping: Using neural measures to predict real-world outcomes[J]. Current Directions in Psychological Science, 22(1):45-50.

Bielefeld K W, 2007. Consumer neuroscience[J]. Journal of Research & Management, 29(1):56-72.

Breiter H C, Martin B, Blood A J, et al., 2015. Redefining neuromarketing as an integrated science of influence[J]. Frontiers in Human Neuroscience, 8:1073.

Brown S B R E, Henk V S, Band G P H, et al., 2012. Functional significance of the emotion-related late positive potential[J]. Frontiers in Human Neuroscience, 6:33.

Callcott M F, Lee W N, 1994. A content analysis of animation and animated spokes-characters in television commercials[J]. Journal of Advertising, 23(4):1-12.

Callcott M F, Phillips B J, 1996. Elves make good cookies: Creating likable spokes-character advertising[J]. Journal of Advertising Research, 36: 73-79.

Cappella J N, 2006. Why biological explanation?[J]. Journal of Communication, 46(3):4-7.

Chao P, Wuhrer G, Werani T, 2005. Celebrity and foreign brand name as moderators of country-of-origin effects[J]. International Journal of Advertising, 24(2):173-192.

Chung S, 2015. An investigation of the effects of emotional visual aids on learning performance and mental effort in online health education[D]. Lubbock:Texas Tech University.

Chung S, Sparks J V, 2016. Motivated processing of peripheral advertising information in video games [J]. Communication Research, 43(4):518-541.

Churches O, Nicholls M, Thiessen M, et al., 2014. Emoticons in mind: An event-related potential study[J]. Social Neuroscience, 9(2):196-202.

Coan J A, Allen J J B, 2003. Frontal EEG asymmetry and the behavioral activation and inhibition systems[J]. Psychophysiology, 40(1):106-114.

Dardis F E, Schmierbach M, Limperos A M, 2012. The impact of game customization and control mechanisms on recall of integral and peripheral brand placements in video games[J]. Journal of Interactive Advertising, 12(2):1-12.

Davidson R J, Ekman P, Saron C D, et al., 1990. Approach-withdrawal and cerebral asymmetry: Emotional expression and brain physiology:I[J]. Journal of Personality and Social Psychology, 58(2):330-341.

Davidson R J, Jackson D C, Kalin N H, 2000. Emotion, plasticity, context, and regulation: Perspectives from affective neuroscience[J]. Psychological Bulletin, 126(6):890-909.

Davidson R J, 2004. What does the prefrontal cortex "do" in affect: Perspectives on frontal EEG asymmetry research[J]. Biological Psychology, 67(1):219-234.

Deppe M, Schwindt W, Kugel H, et al., 2005. Nonlinear responses within the medial prefrontal cortex reveal when specific implicit information influences economic decision making [J]. Journal of Neuroimaging, 15(2):12.

Dichter E, 1962. The world customer[J]. Thunderbird International Business Review, 4(4):3.

Donders F C, 1969. On the speed of mental processes[J]. Acta Psychologica, 30:412-431.

Escalas J E, Bettman J R, 2017. Connecting with celebrities: How consumers appropriate celebrity meanings for a sense of belonging[J]. Journal of Advertising, 46(2):297-308.

Escalas J E, Bettman J R, 2011. Connecting with celebrities: Celebrity endorsement, brand meaning, and self-brand connections[J]. Journal of Marketing Research, 26(4):123-136.

Esch F R, Möll T, Schmitt B, et al., 2012. Brands on the brain: Do consumers use declarative information or experienced emotions to evaluate brands?[J]. Journal of Consumer Psychology, 22(1):70-85.

Falk E B, Berkman E T, Lieberman M D, 2012. From neural responses to population behavior: Neural focus group predicts population-level media effects[J]. Psychological Science, 23(5):439-445.

Falk E B, Berkman E T, Mann T, et al., 2010. Predicting persuasion-induced behavior change from the brain[J]. Journal of Neuroscience, 30(25):8421-8424.

Falk E B, Berkman E T, Whalen D, et al., 2011. Neural activity during health messaging predicts reductions in smoking above and beyond self-report[J]. Health Psychology, 30(2):177-185.

Falk E B, O'Donnell M B, Tompson S, et al., 2016. Functional brain imaging predicts public health campaign success[J]. Social Cognitive and Affect Neuroscience, 11(2):204-214.

Falk E B, Morelli S A, Welborn B L, et al., 2013. Creating buzz: The neural correlates of effective message propagation[J]. Psychological Science, 24(7):1234-1242.

Falk, Cascio, Coronel, 2015. Neural prediction of communication-relevant outcomes[J]. Communication Methods and Measures, 9:1-2.

Fang X, Mishra S, 2002. The effect of brand alliance portfolio on the perceived quality of an unknown brand[J]. Advances in Consumer Research, 29(1): 519-520.

Feustel T C, Shiffrin R M, Salasoo A, 1983. Episodic and lexical contributions to the repetition effect in word identification[J]. Journal of Experimental Psychology General, 112(3):309.

Frédéric F. Brunel, Greenwald T A G, 2004. Is the implicit association test a valid and valuable measure of implicit consumer social cognition?[J]. Journal of Consumer Psychology, 14(4):385-404.

Friedman H, Friedman L, 1979. Endorser effectiveness by product type[J]. Journal of Advertising Research, 19:63.

Ganis G, Schendan H E, Kosslyn S M. 2007. Neuroimaging evidence for object model verification theory: Role of prefrontal control in visual object categorization[J]. Neuroimage, 34(1):384-398.

Garretson J A, Burton S, 2005. The role of spokescharacters as advertisement and package cues in integrated marketing communications[J]. Journal of Marketing, 69(4):118-132.

Garretson J A, Niedrich R W, 2004. Spokes-characters : Creating character trust and positive brand attitudes[J]. Journal of Advertising, 33(2):25-36.

Gilson M, 1998. Sixth annual New York digital salon: A brief history of Japanese robophilia[J]. Leonardo, 31(5):367-369.

Greenwald A G, Banaji M R, 1995. Implicit social cognition: Attitudes, self-esteem, and stereotypes[J]. Psychological Review, 102(1):4-27.

Greenwald A G, Poehlman T A, Uhlmann E L, et al., 2003. Understanding and using the implicit association test[J]. Journal of Personality and Social Psychology, 31(2):197-216.

Greenwald A G, 2012. There is nothing so theoretical as a good method[J]. Perspectives on Psychological Science, 7(2):99-108.

Halgren E, Baudena P, Heit G, et al., 1994. Spatio-temporal stages in face and word processing. II. Depth-recorded potentials in the human frontal and rolandic cortices[J]. Journal of Physiology-Paris, 88(1):51-80.

Han J J, 2015. Reconceptualizing coping styles as an arousal-based motivational bias during the processing of mediated self-threatening messages[J]. Dissertations & Theses – Gradworks, 6(1): 17-22.

Hasson U, Landesman O, Knappmeyer B, et al., 2008. Neurocinematics: The neuroscience of films[J]. Projections, 2(1):1-26.

Hawrylycz M, Dang C, Koch C, et al., 2015. Building atlases of the brain[M] // Marcus G, Freeman J. The future of the brain: Essays by the world's leading neuroscientists. Princeton: Princeton University Press, 3-16.

Heisel A D, 2015. Electroencephalographic analysis in communication science:Testing two competing models of message production[J]. Communication Methods & Measures, 9(2):101-116.

Heiser R S, Sierra J J, Torres I M, 2008. Creativity via cartoon spokespeople in print ads: Capitalizing on the distinctiveness effect[J]. Journal of Advertising, 37(4):75-84.

Hoy M G, Mowen Y J C, 1986.Animated host-selling advertisements: Their impact on young children's recognition, attitudes, and behavior[J]. Journal of Public Policy & Marketing, 5:171-184.

Huang W S, Hsieh T, Chen H S, 2011. The advertisement effectiveness of animated spokes-characters[J]. African Journal of Business Management, 5(23): 9971-9978.

Czigler I, Csibra G, 1992. Event-related potentials and the identification of deviant visual stimuli[J]. Psychophysiology, 29(4):471-485.

Javor A, Koller M, Lee N, et al., 2013. Neuromarketing and consumer neuroscience: Contributions to neurology[J]. BMC Neurology, 13(1):13.

Jin S A A, Sung Y, 2010. The roles of spokes-avatars personalities in brand communication in 3D virtual environments[J]. Journal of Brand Management, 17(5):317-327.

Jolibert P A J P, 1995. A meta-analysis of country-of-origin effects[J]. Journal of International Business Studies, 26(4):883-900.

Pajula J, Kauppi J P, Tohka J, et al., 2012. Inter-subject correlation in fMRI: Method validation against stimulus-model based analysis[J]. PLoS ONE, 8(8):41196.

Kaikati J G, 1987. Celebrity advertising: A review and synthesis, international journal of advertising[J]. Eastbourne, 6:93–106.

Kamins M A, 1970. Celebrity and noncelebrity advertising in a two-sided context[J]. Journal of Advertising Research, 29(3):34-42.

Kelly W, Schodt F L, 1988. Inside the robot kingdom: Japan, mechatronics, and the coming robotopia[M]. Tokyo:Kodansha International.

Kim S B, Kim D Y, Wise K, 2014. The effect of searching and surfing on recognition of destination images on Facebook pages[J]. Computers in Human Behavior, 2014(30):813-823.

Klucharev V, Smidts A, Fernandez G, 2008. Brain mechanisms of persuasion: how 'expert power' modulates memory and attitudes[J]. Erim Report, 3(4):353.

Knutson B, Rick S, Wimmer G E, et al., 2007.Neural predictors of purchases[J]. Neuroscience, 53(1): 147-156.

Koruth K J, Lang A, Potter R F, et al., 2015. A comparative analysis of dynamic and static indicators of parasympathetic and sympathetic nervous system activation during TV viewing[J]. Communication Methods and Measures, 9(2):78-100.

Krcmar M, Farrar K M, Jalette G, et al., 2015. Appetitive and defensive arousal in violent video games: Explaining individual differences in attraction to and effects of video games[J]. Media Psychology, 18(4):527-550.

Kutas M, Hillyard S A, 1980. Reading senseless sentences: Brain potentials reflect semantic incongruity[J]. Science, 207(4427): 203-205.

Kyung H, Kwon O, Sung Y, 2010. The effects of spokes-characters' personalities of food products on source credibility[J]. Journal of Food Products Marketing, 17(1): 65-78.

Lang A, 2006. Using the limited capacity model of motivated mediated message processing to design effective cancer communication messages[J]. Journal of Communication, 56:24.

Lang A, Bradley S D, Chung Y, et al., 2003. Where the mind meets the message: Reflections on ten years of measuring psychological responses to media[J]. Journal of Broadcasting & Electronic Media, 47(4):650-655.

Lang A, Bradley S D, Schneider E F, et al., 2012. Killing is positive! Intra-game responses meet the necessary (but not sufficient) theoretical conditions for influencing aggressive behavior[J]. Journal of Media Psychology Theories Methods & Applications, 24(4):154-165.

Lang A, Yegiyan N S, 2008. Understanding the interactive effects of emotional appeal and claim strength in health messages[J]. Journal of Broadcasting & Electronic Media, 52(3):432-447.

Lang A, 2006. The limited capacity model of mediated message processing[J]. Journal of Communication, 50(1):46-70.

Lang A, 2013. Discipline in waiting[J]. Communication Theory, 23(4):334-335.

Lang A, 1994. Measuring psychological responses to media messages[M]. Hillsdale, N J: Lawrence Erlbaum Associates, 234.

Lang A, 2013. Discipline in crisis? The shifting paradigm of mass communication research[J]. Communication Theory, 23(1):10-24.

Lang A, 2014. Dynamic human-centered communication systems theory[J]. The Information Society, 30(1):60-70.

Langleben D D, Loughead J W, Ruparel K, et al., 2009. Reduced prefrontal and temporal processing and recall of high "sensation value" ads[J]. Neuroimage, 46(1):219-225.

Langleben D D, Schroeder L, Maldjian J A, et al., 2002. Brain activity during simulated deception: An event-related functional magnetic resonance study[J]. Neuroimage,5(3):727-732.

Lebel J L, Cooke N, 2008. Branded food spokescharacters: Consumers' contributions to the narrative of commerce[J]. Journal of Product & Brand Management, 17(3):143-153.

Lee N, Broderick A J, Chamberlain L, 2007. What is 'neuromarketing'? A discussion and agenda for future research[J]. International Journal of Psychophysiology, 63(2): 199-204.

Libet B, 2004. Mind time: The temporal factor in consciousness[M]. Cambridge:Harvard University Press.

Maison D, Greenwald A G, Bruin R H, 2004. Predictive validity of the implicit association test in studies of brands, consumer attitudes, and behavior[J]. Journal of Consumer Psychology, 14(4): 405-415.

Mather M, Cacioppo J T, Kanwisher N, 2013. How fMRI can inform cognitive theories[J]. Perspectives on Psychological Science, 8(1):108-113.

Mathiak K, Weber R, 2006. Toward brain correlates of natural behavior: fMRI during violent video games[J]. Human Brain Mapping, 27(12):948-956.

McCracken, Grant, 1989. Who is the celebrity endorser? Cultural foundations of the endorsement process[J]. Journal of Consumer Research, 16(3):310.

Miller G A, 2003. The cognitive revolution: A historical perspective[J]. Trends in Cognitive Sciences, 7(3):141-144.

Millward Brown, BrandZ Top 100 Most Valuable Global Brands 2018 [EB/OL].[2019-07-24].http://www.millwardbrown.com/BrandZ/Top_100_Global_Brands/Categories/consumer_and_retail/Cars.aspx.

Minas R K, Potter R F, Dennis A R, et al., 2014. Putting on the thinking cap: Using neuroIS to understand information processing biases in virtual teams[J]. Journal of Management Information Systems,30(4):49-82.

Mizerski R, 1995. The relationship between cartoon trade character recognition and attitude toward product category[J]. Journal of Marketing, 59(4):58-70.

Moghadasi A N, 2015. Neurocinema: A brief overview[J]. Iranian Journal of Neurology, 14(3):180-184.

Murray J P, Liotti M, Ingmundson P T, et al., 2006. Children's brain activations while viewing televised violence revealed by fMRI[J]. Media Psychology, 8(1):25-37.

Nessler D, Mecklinger A, Penney T B, 2005. Perceptual fluency, semantic familiarity and recognition-related familiarity: An electrophysiological exploration[J]. Brain Research Cognitive Brain Research, 22(2):265-288.

O'Donnell M B, Falk E B, 2015. Linking neuroimaging with functional linguistic analysis to understand processes of successful communication[J]. Communication Methods and Measures, 9(1-2):55-77.

O'Donnell M B, Falk E B, 2015. Big data under the microscope and brains in social context: Integrating methods from computational social science and neuroscience[J]. The Annals of the American Academy of Political and Social Science, 659(1):274-289.

Ohanian R, 1990. Construction and validation of a scale to measure celebrity[J]. Journal of Advertising, 19: 39-52.

Ohme R, Reykowska D, Wiener D, et al., 2010. Application of frontal EEG asymmetry to advertising research[J]. Journal of Economic Psychology, 31(5):785-793.

Ohme R, Reykowska D, Wiener D, et al., 2009. Analysis of neurophysiological reactions to advertising stimuli by means of EEG and galvanic skin response measures[J]. Journal of Neuroscience, Psychology, and Economics, 2(1): 21.

Parameswaran R, Pisharodi R M, 1994. Facets of country of origin image: An empirical assessment[J]. Journal of Advertising, 23(1): 43-56.

Park B, Kim H J, 2014. Positive content improves memory for in-game ads: Applying LC4MP in an interactive video gaming environment[J]. Serious Games Conference. 6:95-99.

Plassmann H, Venkatraman V, Huettel S, et al., 2015. Consumer neuroscience: Applications, challenges, and possible solutions[J]. Journal of Marketing Research, 52(4):427-435.

Posner M I, Fan J, 2004. Attention as an organ system[J]. Topics in integrative neuroscience: From cells to cognition: 31-61.

Potter R F, Bolls P D, 2011. Psychophysiological measurement and meaning : Cognitive and emotional processing of media[J]. Mcn Am J Matern Child Nurs, 8(1):70-73.

Ramsay I S, Yzer M C, Luciana M, et al., 2013. Affective and executive network processing associated with persuasive antidrug messages[J]. Journal of Cognitive Neuroscience, 25(7):1136-1147.

Niklas R, 2004. Contributions of psychophysiology to media research: Review and recommendations[J]. Media Psychology, 6(2):193-235.

Weber R, Eden A, Huskey R, et al., 2015. Bridging media psychology and cognitive neuroscience[J]. Journal of Media Psychology Theories Methods and Applications, 27(3):146–156.

Roberto C A, Baik J, Harris J L, et al., 2010. Influence of licensed characters on children's taste and snack preferences[J]. PEDIATRICS, 126(1):88-93.

Rubenking B, 2012. Processing disgusting media: An examination of the interactions of motivational activation, in-group membership and attitudes with emotional responses, cognitive processing, and psychophysiological indicators of disgust[J]. Dissertations & Theses - Gradworks, 6:113-120.

Rugg M D, Mark R E, Walla P, et al., 1998. Dissociation of the neural correlates of implicit and explicit memory[J]. Nature, 392(66):595-598.

Schaefer M, Berens H, Heinze H J, et al., 2006. Neural correlates of culturally familiar brands of car manufacturers[J]. Neuroimage, 31(2): 861-865.

Schneider E F, 2004. Death with a story: How story impacts emotional, motivational, and physiological responses to first-person shooter video games[J]. Human Communication Research, 30(3):361-375.

Schooler R D, 1965. Product bias in the central American common market[J]. Journal of Marketing Research, 8(2):18-19.

Schupp H T, Cuthbert B N, Bradley M M, et al., 2000. Affective picture processing: The late positive potential is modulated by motivational relevance[J]. Psychophysiology,37(2):257-261.

Sherry J L, 2004. Media effects theory and the nature/nurture debate: A historical overview and directions for future research[J]. Media Psychology, 6(1): 83-109.

Sherry J L, 2015. The complexity paradigm for studying human communication: A summary and integration of two fields[J]. Review of Communication Research, 3(1):22-54.

Shimp T A, 1991. Neo-pavlovian conditioning and its implications for consumer theory and research[J]. Handbook of Consumer Behavior, 162-187.

Stafford M R, Day S E, 2002. A contingency approach: The effects of spokesperson type and service type on service advertising perceptions[J]. Journal of Advertising,31(2):17-35.

Stallen M, Smidts A, Rijpkema M, et al.,2010. Celebrities and shoes on the female brain: The neural correlates of product evaluation in the context of fame[J]. Journal of Economic Psychology, 31(5): 802-811.

Stanton S J, Sinnott-Armstrong W, Huettel S A, 2016. Neuromarketing: Ethical implications of its use and potential misuse[J]. Journal of Business Ethics, 144(4): 733-736.

Stróżak P, Francuz P, 2016. Event-related potential correlates of attention to mediated message processing[J]. Media Psychology,1-26.

Stroop J R, 1935. Studies of interference in serial verbal reactions[J]. Journal of experimental psychology, 18(6): 643.

Sutton S K, Davidson R J, 1997. Prefrontal brain asymmetry: A biological substrate of the behavioral approach and inhibition systems[J]. Psychological Science,8(3): 204-210.

Sutton S, Braren M, Zubin J, et al., 1965. Evoked-potential correlates of stimulus uncertainty[J]. Science, 150(3700): 1187-1188.

Tellis G J, 2004. Effective advertising: Understanding when, how, and why advertising works[M]. Washington D. C. :SAGE Publications.

William R, 2001. The new phrenology: the limits of localizing cognitive processes in the brain[M]. Cambridge:MIT Press.

Thorpe S, Fize D, Marlot C, 1996. Speed of processing in the human visual system[J]. Nature (London), 381(6582):520-522.

Tomarken A J, Davidson R J, Henriques J B, 1990. Resting frontal brain asymmetry predicts affective responses to films[J]. Journal of Personality and Social Psychology, 59(4):791-801.

Auken S V, Lonial S C, 1985. Children's perceptions of characters: Human versus animate assessing implications for children's advertising[J]. Journal of Advertising,14(2): 13-61.

Wagner C, 2009. The Japanese way of robotics: Interacting naturally with robots as a national character?[C] //Robot and Human Interactive Communication.

Wakefield K L, Barnes J H, 1997. Retailing hedonic consumption: A model of sales promotion of a leisure service[J]. Journal of Retailing, 72(4): 409-427.

Weber R, Mangus J M, Huskey R, 2015. Brain imaging in communication research: A practical guide to understanding and evaluating fMRI studies[J]. Communication Methods & Measures.

Weber R, Ritterfeld U, Mathiak K, 2006. Does playing violent video games induce aggression? Empirical evidence of a functional magnetic resonance imaging study[J]. Media Psychology, 8(1):39-60.

Weber R, 2015. Brain, mind, and media: Neuroscience meets media psychology[J]. Journal of Media Psychology Theories Methods & Applications, 25(4):202.

Weber R, Sherry J, Mathiak K, 2009. The neurophysiological perspective in mass communication research[J] //Beatty M J, McCroskey J C, Floyd K. Biological dimensions of communication: Perspectives, methods, and research. Cresskill, NJ: Hampton. 43-73.

Weber R, Huskey R, Mangus J M, et al., 2015. Neural predictors of message effectiveness during counterarguing in antidrug campaigns[J]. Communication Monographs, 82(1):4-30.

Weber R, 2015. Biology and brains: Methodological innovations in communication science: Introduction to the special issue[J]. Communication Methods and Measures, 9(1-2):1-4.

Whitaker J L, Bushman B, 2012. Media influence on behavior[J]. Encyclopedia of Human Behavior, 571-575.

Bushman B J, Huesmann L R, Whitaker J L, 2009. Violent media effects[J] //Nabi R L, Oliver M B. Media processes and effects. Thousand Oaks, CA: Sage, 361-376.

White C N, Poldrack R A, 2013. Using fMRI to constrain theories of cognition[J]. Perspectives on Psychological Science, 8(1):79-83.

Wijers A A, Lamain W, Slopsema J S, et al., 1989. An electrophysiological investigation of the spatial distribution of attention to colored stimuli in focused and divided attention conditions[J]. Biological Psychology, 29(3): 213-245.

Wiles J, Dartnall T, 1999. Perspectives on cognitive science: Theories, experiments, and foundations[M]// Perspectives in cognitive science: Theories, experiments, and foundations. Greenwood Publishing Group .

Williams J M G, Mathews A, MacLeod C, 1996. The emotional Stroop task and psychopathology[J]. Psychological bulletin, 120(1): 3.

Winkielman P, Berridge K C, 2004. Unconscious emotion[J]. Current Directions in Psychological Science, 13(3): 120-123.

Wood W, Kallgren C A, 1988. Communicator attributes and persuasion recipients' access to attitude-relevant information in memory[J]. Personality and Social Psychology Bulletin, 14(1): 172-182.

LU Y J, 2013. A comparative event-related potential study on cartoon face classification and recognition processing[J].Psychological Science, 36(2) 320-327.

Zajonc R B, McIntosh D N,1992. Emotions research: Some promising questions and some questionable promises[J]. Psychological Science, 3(1): 70-74.

Zaltman G. 2003.How customers think: Essential insights into the mind of the market[M]//What consumers can't tell you and competitors don't know. Cambridge:Harvard Business Press.

Zeynep G, Maheswaran D, 2000. Determinants of country - of - origin evaluations[J]. Journal of Consumer Research, 27(1):96-108.

Zurawicki L, 2010. Neuromarketing: Exploring the brain of the consumer[M]. Berlin : Springer-Verlag.

附　录

数据统计处理结果

附表 2.1　实验组和对照组反应时重复测量方法分析

数据来源	自由度	均方	F 值	显著性水平
线索类别	1	3490.919	18.400	0
误差（线索类别）	18	189.724	–	–
被试类别	1	17962.339	1.545	0.230
误差（被试类别）	18	11622.998	–	–
线索类别 × 被试类别	1	5.271	0.028	0.869

附表 2.2　F3 电位 P170 实验组和对照组重复测量方法分析

数据来源	自由度	均方	F 值	显著性水平
线索类别	1	2.684	0.515	0.482
误差（线索类别）	18	5.208	–	–
被试类别	1	33.004	0.771	0.391
误差（被试类别）	18	42.805	–	–
线索类别 × 被试类别	1	7.786	1.495	0.237

附表 2.3　F3 电位 N270 实验组和对照组重复测量方法分析

数据来源	自由度	均方	F 值	显著性水平
线索类别	1	21.236	6.836	0.018
误差（线索类别）	18	3.107	–	–
被试类别	1	14.198	0.408	0.531
误差（被试类别）	18	34.778	–	–
线索类别 × 被试类别	1	0.658	0.212	0.651

附表 2.4　F3 电位 N430 实验组和对照组重复测量方法分析

数据来源	自由度	均方	F 值	显著性水平
线索类别	1	22.890	4.168	0.056
误差（线索类别）	18	5.492	—	—
被试类别	1	38.903	1.276	0.273
误差（被试类别）	18	30.490	—	—
线索类别 × 被试类别	1	0.809	0.147	0.706

附表 2.5　F3 电位 LPP 实验组和对照组重复测量方法分析

数据来源	自由度	均方	F 值	显著性水平
线索类别	1	8.262	1.654	0.215
误差（线索类别）	18	4.995	—	—
被试类别	1	17.913	1.210	0.286
误差（被试类别）	18	14.802	—	—
线索类别 × 被试类别	1	0.066	0.013	0.909

附表 2.6　Fz 电位 P170 实验组和对照组重复测量方法分析

数据来源	自由度	均方	F 值	显著性水平
线索类别	1	8.988	0.988	0.333
误差（线索类别）	18	9.098	—	—
被试类别	1	36.933	0.963	0.339
误差（被试类别）	18	38.354	—	—
线索类别 × 被试类别	1	6.875	0.765	0.396

附表 2.7　Fz 电位 N270 实验组和对照组重复测量方法分析

数据来源	自由度	均方	F 值	显著性水平
线索类别	1	7.970	2.772	0.113
误差（线索类别）	18	2.875	—	—
被试类别	1	11.876	0.374	0.549
误差（被试类别）	18	31.792	—	—
线索类别 × 被试类别	1	1.655	0.576	0.458

附表 2.8　Fz 电位 N430 实验组和对照组重复测量方法分析

数据来源	自由度	均方	F 值	显著性水平
线索类别	1	0.734	0.118	0.736
误差（线索类别）	18	6.235	—	—
被试类别	1	39.703	1.317	0.266
误差（被试类别）	18	30.143	—	—
线索类别 × 被试类别	1	3.442	0.552	0.467

附表 2.9　Fz 电位 LPP 实验组和对照组重复测量方法分析

数据来源	自由度	均方	F 值	显著性水平
线索类别	1	5.384	1.496	0.237
误差（线索类别）	18	3.600	—	—
被试类别	1	27.033	1.442	0.245
误差（被试类别）	18	18.752	—	—
线索类别 × 被试类别	1	5.787	1.607	0.221

附表 2.10　F4 电位 P170 实验组和对照组重复测量方法分析

数据来源	自由度	均方	F 值	显著性水平
线索类别	1	1.534	0.295	0.594
误差（线索类别）	18	5.207	—	—
被试类别	1	26.945	0.791	0.385
误差（被试类别）	18	34.059	—	—
线索类别 × 被试类别	1	3.206	0.616	0.443

附表 2.11　F4 电位 N270 实验组和对照组重复测量方法分析

数据来源	自由度	均方	F 值	显著性水平
线索类别	1	16.382	5.555	0.300
误差（线索类别）	18	2.949	—	—
被试类别	1	10.694	0.684	0.419
误差（被试类别）	18	15.631	—	—
线索类别 × 被试类别	1	0.378	0.128	0.724

附表 2.12　F4 电位 N430 实验组和对照组重复测量方法分析

数据来源	自由度	均方	F 值	显著性水平
线索类别	1	3.939	1.282	0.272
误差（线索类别）	18	3.072	—	—
被试类别	1	31.818	1.075	0.314
误差（被试类别）	18	29.608	—	—
线索类别 × 被试类别	1	0.724	0.236	0.633

附表 2.13　F4 电位 LPP 实验组和对照组重复测量方法分析

数据来源	自由度	均方	F 值	显著性水平
线索类别	1	0.776	0.176	0.680
误差（线索类别）	18	4.364	—	—
被试类别	1	21.598	1.573	0.226
误差（被试类别）	18	13.730	—	—
线索类别 × 被试类别	1	0.002	0.000	0.983

附表 2.14　C3 电位 P170 实验组和对照组重复测量方法分析

数据来源	自由度	均方	F 值	显著性水平
线索类别	1	20.484	1.840	0.192
误差（线索类别）	18	11.132	—	—
被试类别	1	11.387	0.472	0.501
误差（被试类别）	18	24.143	—	—
线索类别 × 被试类别	1	18.742	1.684	0.211

附表 2.15　C3 电位 N270 实验组和对照组重复测量方法分析

数据来源	自由度	均方	F 值	显著性水平
线索类别	1	1.663	1.825	0.193
误差（线索类别）	18	0.911	—	—
被试类别	1	135.858	3.376	0.083
误差（被试类别）	18	40.238	—	—
线索类别 × 被试类别	1	2.262	2.483	0.133

附表 2.16　C3 电位 N430 实验组和对照组重复测量方法分析

数据来源	自由度	均方	F 值	显著性水平
线索类别	1	3.549	0.762	0.394
误差（线索类别）	18	4.657	—	—
被试类别	1	193.913	3.895	0.064
误差（被试类别）	18	49.779	—	—
线索类别 × 被试类别	1	0.290	0.062	0.806

附表 2.17　C3 电位 LPP 实验组和对照组重复测量方法分析

数据来源	自由度	均方	F 值	显著性水平
线索类别	1	0.691	0.424	0.523
误差（线索类别）	18	1.631	—	—
被试类别	1	153.992	6.491	0.020
误差（被试类别）	18	23.726	—	—
线索类别 × 被试类别	1	3.386	2.076	0.167

附表 2.18　Cz 电位 P170 实验组和对照组重复测量方法分析

数据来源	自由度	均方	F 值	显著性水平
线索类别	1	27.844	1.688	0.210
误差（线索类别）	18	16.492	—	—
被试类别	1	0.072	0.002	0.964
误差（被试类别）	18	33.379	—	—
线索类别 × 被试类别	1	22.040	1.336	0.263

附表 2.19　Cz 电位 N270 实验组和对照组重复测量方法分析

数据来源	自由度	均方	F 值	显著性水平
线索类别	1	1.185	0.247	0.625
误差（线索类别）	18	4.801	—	—
被试类别	1	55.664	1.195	0.289
误差（被试类别）	18	46.598	—	—
线索类别 × 被试类别	1	9.911	2.064	0.168

附表 2.20　Cz 电位 N430 实验组和对照组重复测量方法分析

数据来源	自由度	均方	F 值	显著性水平
线索类别	1	11.987	0.999	0.331
误差（线索类别）	18	11.993	—	—
被试类别	1	92.718	3.729	0.069
误差（被试类别）	18	24.864	—	—
线索类别 × 被试类别	1	11.462	0.956	0.341

附表 2.21　Cz 电位 LPP 实验组和对照组重复测量方法分析

数据来源	自由度	均方	F 值	显著性水平
线索类别	1	7.460	1.512	0.235
误差（线索类别）	18	4.934	—	—
被试类别	1	90.414	10.744	0.004
误差（被试类别）	18	8.415	—	—
线索类别 × 被试类别	1	20.569	4.169	0.056

附表2.22　C4电位P170实验组和对照组重复测量方法分析

数据来源	自由度	均方	F 值	显著性水平
线索类别	1	6.438	1.566	0.227
误差（线索类别）	18	4.112	—	—
被试类别	1	0.540	0.016	0.900
误差（被试类别）	18	33.573	—	—
线索类别 × 被试类别	1	2.445	0.595	0.451

附表2.23　C4电位N270实验组和对照组重复测量方法分析

数据来源	自由度	均方	F 值	显著性水平
线索类别	1	1.380	0.377	0.547
误差（线索类别）	18	3.660	—	—
被试类别	1	37.803	1.439	0.246
误差（被试类别）	18	26.268	—	—
线索类别 × 被试类别	1	0.415	0.113	0.740

附表2.24　C4电位N430实验组和对照组重复测量方法分析

数据来源	自由度	均方	F 值	显著性水平
线索类别	1	0.184	0.068	0.797
误差（线索类别）	18	2.706	—	—
被试类别	1	63.475	2.207	0.155
误差（被试类别）	18	28.762	—	—
线索类别 × 被试类别	1	5.798	2.143	0.160

附表 2.25　C4 电位 LPP 实验组和对照组重复测量方法分析

数据来源	自由度	均方	F 值	显著性水平
线索类别	1	1.372	0.319	0.579
误差（线索类别）	18	4.295	—	—
被试类别	1	54.454	4.072	0.059
误差（被试类别）	18	13.372	—	—
线索类别 × 被试类别	1	7.979	1.858	0.190

附表 2.26　P3 电位 P170 实验组和对照组重复测量方法分析

数据来源	自由度	均方	F 值	显著性水平
线索类别	1	23.184	2.257	0.150
误差（线索类别）	18	10.274	—	—
被试类别	1	92.110	3.344	0.084
误差（被试类别）	18	27.546	—	—
线索类别 × 被试类别	1	10.740	1.045	0.320

附表 2.27　P3 电位 N270 实验组和对照组重复测量方法分析

数据来源	自由度	均方	F 值	显著性水平
线索类别	1	0.054	0.017	0.898
误差（线索类别）	18	3.195	—	—
被试类别	1	80.465	2.320	0.145
误差（被试类别）	18	34.687	—	—
线索类别 × 被试类别	1	0.072	0.022	0.884

附表 2.28　P3 电位 N430 实验组和对照组重复测量方法分析

数据来源	自由度	均方	F 值	显著性水平
线索类别	1	4.575	0.738	0.402
误差（线索类别）	18	6.201	—	—
被试类别	1	147.873	4.434	0.050
误差（被试类别）	18	33.346	—	—
线索类别 × 被试类别	1	7.529	1.214	0.285

附表 2.29　P3 电位 LPP 实验组和对照组重复测量方法分析

数据来源	自由度	均方	F 值	显著性水平
线索类别	1	5.075	1.894	0.186
误差（线索类别）	18	2.679	—	—
被试类别	1	84.798	5.433	0.032
误差（被试类别）	18	15.608	—	—
线索类别 × 被试类别	1	0.342	0.128	0.725

附表 2.30　Pz 电位 P170 实验组和对照组重复测量方法分析

数据来源	自由度	均方	F 值	显著性水平
线索类别	1	27.018	2.579	0.126
误差（线索类别）	18	10.475	—	—
被试类别	1	71.015	2.450	0.135
误差（被试类别）	18	28.984	—	—
线索类别 × 被试类别	1	14.546	1.389	0.254

附表 2.31　Pz 电位 N270 实验组和对照组重复测量方法分析

数据来源	自由度	均方	F 值	显著性水平
线索类别	1	0.981	0.368	0.551
误差（线索类别）	18	2.663	—	—
被试类别	1	56.758	1.016	0.327
误差（被试类别）	18	55.869	—	—
线索类别 × 被试类别	1	2.321	0.872	0.363

附表 2.32　Pz 电位 N430 实验组和对照组重复测量方法分析

数据来源	自由度	均方	F 值	显著性水平
线索类别	1	1.072	0.150	0.703
误差（线索类别）	18	7.169	—	—
被试类别	1	105.063	3.368	0.083
误差（被试类别）	18	31.197	—	—
线索类别 × 被试类别	1	0.141	0.020	0.890

附表 2.33　Pz 电位 LPP 实验组和对照组重复测量方法分析

数据来源	自由度	均方	F 值	显著性水平
线索类别	1	1.099	0.484	0.495
误差（线索类别）	18	2.271	—	—
被试类别	1	60.305	3.908	0.064
误差（被试类别）	18	15.433	—	—
线索类别 × 被试类别	1	4.093	1.802	0.196

附表 2.34　P4 电位 P170 实验组和对照组重复测量方法分析

数据来源	自由度	均方	F 值	显著性水平
线索类别	1	2.996	1.239	0.280
误差（线索类别）	18	2.418	—	—
被试类别	1	84.393	3.046	0.098
误差（被试类别）	18	27.702	—	—
线索类别 × 被试类别	1	0.661	0.273	0.607

附表 2.35　P4 电位 N270 实验组和对照组重复测量方法分析

数据来源	自由度	均方	F 值	显著性水平
线索类别	1	0.985	0.413	0.529
误差（线索类别）	18	2.388	—	—
被试类别	1	51.782	1.595	0.223
误差（被试类别）	18	32.457	—	—
线索类别 × 被试类别	1	0.092	0.039	0.846

附表 2.36　P4 电位 N430 实验组和对照组重复测量方法分析

数据来源	自由度	均方	F 值	显著性水平
线索类别	1	1.726	0.744	0.400
误差（线索类别）	18	2.321	—	—
被试类别	1	92.829	3.623	0.073
误差（被试类别）	18	25.623	—	—
线索类别 × 被试类别	1	5.929E−6	0.000	0.999

附表 2.37　P4 电位 LPP 实验组和对照组重复测量方法分析

数据来源	自由度	均方	F 值	显著性水平
线索类别	1	0.902	0.767	0.393
误差（线索类别）	18	1.177	—	—
被试类别	1	67.315	5.761	0.027
误差（被试类别）	18	11.684	—	—
线索类别 × 被试类别	1	0.364	0.309	0.585

附表 3.1　被试类别视频 1 第 19 秒、第 43 秒和第 47 秒的独立样本 t 检验

时间	数据类别	Levene 方差齐性检验		均值 t 检验					95% 置信区间	
		F 值	显著性水平	t 值	自由度	显著性水平（双侧检验）	平均差	标准误差值	最小值	最大值
第19秒	方差齐性	0.024	0.880	−2.152	18	0.045	−0.216	0.100	−0.427	−0.005
	方差不齐性	—	—	−2.152	17.999	0.045	−0.216	0.100	−0.427	−0.005
第43秒	方差齐性	0.438	0.516	2.634	18	0.017	0.262	0.099	0.053	0.472
	方差不齐性	—	—	2.634	17.638	0.017	0.262	0.099	0.053	0.471

续表

时间	数据类别	Levene 方差齐性检验		均值 t 检验					95% 置信区间	
		F 值	显著性水平	t 值	自由度	显著性水平（双侧检验）	平均差	标准误差值	最小值	最大值
第47秒	方差齐性	0.581	0.456	−1.944	18	0.068	−0.142	0.073	−0.296	0.012
	方差不齐性	−	−	−1.944	16.711	0.069	−0.142	0.073	−0.297	0.012

附表 3.2　被试类别在动漫线索视频 1 中的品牌好感度独立样本 t 检验

时间	数据类别	Levene 方差齐性检验		均值 t 检验				95% 置信区间		
		F 值	显著性水平	t 值	自由度	显著性水平（双侧检验）	平均差	标准误差值	最小值	最大值
第1秒	方差齐性	7.829	0.012	−0.563	18	0.580	−0.048	0.085	−0.227	0.131
	方差不齐性	−	−	−0.563	12.490	0.583	−0.048	0.085	−0.232	0.137
第2秒	方差齐性	0.097	0.760	−0.711	18	0.486	−0.054	0.076	−0.212	0.105
	方差不齐性	−	−	−0.711	18.000	0.486	−0.054	0.076	−0.212	0.105

时间	数据类别	Levene 方差齐性检验		均值 t 检验				95% 置信区间		
		F 值	显著性水平	t 值	自由度	显著性水平（双侧检验）	平均差	标准误差值	最小值	最大值
第45秒	方差齐性	0.786	0.387	−1.619	18	0.123	−0.191	0.118	−0.438	0.057
	方差不齐性	−	−	−1.619	17.107	0.124	−0.191	0.118	−0.439	0.058
第46秒	方差齐性	1.436	0.246	0.070	18	0.945	0.008	0.113	−0.230	0.247
	方差不齐性	−	−	0.070	14.609	0.945	0.008	0.113	−0.234	0.250
第47秒	方差齐性	0.581	0.456	−1.944	18	0.068	−0.142	0.073	−0.296	0.011
	方差不齐性	−	−	−1.944	16.711	0.069	−0.142	0.073	−0.297	0.012

附表 3.3　被试类别视频 2 第 7 秒、第 22 秒和第 25 秒的独立样本 t 检验

时间	数据类别	Levene 方差齐性检验		均值 t 检验					95% 置信区间	
		F 值	显著性水平	t 值	自由度	显著性水平（双侧检验）	平均差	标准误差值	最小值	最大值
第7秒	方差齐性	3.931	0.063	−2.497	18	0.022	−0.184	0.073	−0.339	−0.029
	方差不齐性	−	−	−2.497	15.272	0.024	−0.184	0.073	−0.340	−0.027
第22秒	方差齐性	0.171	0.684	1.842	18	0.082	0.112	0.060	−0.016	0.239
	方差不齐性	−	−	1.842	17.660	0.082	0.112	0.060	−0.016	0.240
第25秒	方差齐性	0.028	0.870	1.770	18	0.094	0.137	0.078	−0.026	0.300
	方差不齐性	−	−	1.770	17.962	0.094	0.137	0.078	−0.026	0.301

附表 3.4　被试类别在动漫线索视频 2 中的品牌好感度独立样本 t 检验

时间	数据类别	Levene 方差齐性检验		均值 t 检验					95% 置信区间	
		F 值	显著性水平	t 值	自由度	显著性水平（双侧检验）	平均差	标准误差值	最小值	最大值
第24秒	方差齐性	0.470	0.502	0.620	18	0.543	0.061	0.098	−0.145	0.267
	方差不齐性	−	−	0.620	17.347	0.543	0.061	0.098	−0.145	0.267
第30秒	方差齐性	2.102	0.164	−0.378	18	0.710	−0.029	0.076	−0.187	0.130
	方差不齐性	−	−	−0.378	15.683	0.711	−0.029	0.076	−0.189	0.132

附表 4.1　实验组和对照组出价的重复测量方差分析

数据来源	自由度	均方	F 值	显著性水平
线索类别	1	9.098E11	113.034	0.001
误差（线索类别）	18	1.611E9	−	−
被试类别	1	1.620E9	0.201	0.659
误差（被试类别）	18	8.049E9	−	−
线索类别 × 被试类别	1	2.731E8	0.170	0.685

附表 4.2　实验组和对照组出价原价差值的重复测量方差分析

数据来源	自由度	均方	F 值	显著性水平
线索类别	1	7.182E0	4.459	0.049
误差（线索类别）	18	1.611E9	—	—
被试类别	1	1.620E9	0.201	0.659
误差（被试类别）	18	8.049E9	—	—
线索类别 × 被试类别	1	2.731E8	0.170	0.685

附表 4.3　线索类别对出价的重复测量方差分析

数据来源	自由度	均方	F 值	显著性水平
线索类别	1	1.224E9	0.459	0.504
误差（线索类别）	29	2.668E9	—	—

附表 4.4　被试平均出价和出价原价差进行配对样本 t 检验

数据来源	配对偏差					t 值	自由度	显著性水平（双侧检验）
	均值	标准差	平均数标准差	95% 置信区间				
				最小值	最大值			
不同线索类别的出价原价差	−10866.667	73051.816	13337.376	−38144.663	16411.330	−0.815	29	0.422

附表 4.5　明星线索与动漫形象线索识别正确率相关样本的非参数检验

统计结果	明星线索与动漫线索
Z 值	−2.714
近似显著性水平（双侧检验）	0.007

附表 4.6　品牌线索识别正确率相关样本的非参数检验

统计结果	明星线索与动漫线索
Z 值	−1.000
近似显著性水平（双侧检验）	0.317

附表 4.7　明星识别线索对视频 3 的出价均值效应的非参数检验

分析项目	数值	视频 3 出价均值
最大差异列表	最大绝对值	0.464
	正值	0.464
	负值	−0.429
K-S 检验 Z 值		0.634
近似显著性水平（双侧检验）		0.816

附表 4.8　视频 3 品牌识别线索对视频 3 的出价均值效应的非参数检验

分析项目	数值	视频 3 出价均值
最大差异列表	最大绝对值	0.375
	正值	0.250
	负值	−0.375
K-S 检验 Z 值		0.822
近似显著性水平（双侧检验）		0.509

附表 4.9　动漫识别线索对视频 1 的出价均值效应的非参数检验

分析项目	数值	视频 1 出价均值
最大差异列表	最大绝对值	0.344
	正值	0.344
	负值	−0.120
K-S 检验 Z 值		0.909
近似显著性水平（双侧检验）		0.380

附表 4.10　视频 1 品牌识别线索对视频 1 的出价均值效应的非参数检验

分析项目	数值	视频 1 出价均值
最大差异列表	最大绝对值	0.143
	正值	0.143
	负值	−0.143
K-S 检验 Z 值		0.359
近似显著性水平（双侧检验）		1.000

附表 5.1　国别线索对反应时的单因素重复测量方差分析

数据来源	自由度	均方	F 值	显著性水平
线索类别	1.731	1.292E7	12.759	0.000
误差（线索类别）	29	1012953.331	—	—

附表 5.2　不知名的国别品牌线索反应时两两配对 t 检验

线索类别		配对偏差					t 值	自由度	显著性水平（双侧检验）
		标准差	平均数标准差	95% 置信区间					
				最小值	最大值				
配对 1	中、美线索	64.458	1031.107	22.099	21.120	107.795	2.917	2176	0.004
配对 2	中、日线索	−143.143	1454.181	31.167	−204.262	−82.023	−4.593	2176	0
配对 3	美、日线索	−78.685	1443.440	30.936	−139.353	−18.017	−2.543	2176	0.011

附表 5.3　中国动漫形象对国别线索的接受率的非参数检验

N	2177
Cochran's Q	1014.521
自由度	2
近似显著性水平	0

附表 5.4　中、美线索的动漫形象代言接受度两相关样本的非参数检验

分析项目	resp2 中 – resp1 美
Z 值	−25.711
近似显著性水平（双侧检验）	0

附表 5.5　中、日线索的动漫形象代言接受度两相关样本的非参数检验

分析项目	resp2 中 – resp3 日
Z 值	−24.735
近似显著性水平（双侧检验）	0

附表 5.6　美、日线索的动漫形象代言接受度两相关样本的非参数检验

分析项目	resp1 美 – resp3 日
Z 值	−0.302
近似显著性水平（双侧检验）	0.763

附表 5.7　不同性别对中国动漫形象代言不同国别不知名品牌的
两样本非参数检验

分析项目	数值类型	美	中	日
最大差异列表	最大绝对值	0.006	0.148	0.013
	正值	0.006	0.148	0
	负值	0	0	−0.013
K-S 检验		0.131	3.453	0.305
近似显著性水平（双侧检验）		1.000	0	1.000

附表 6.1 国别线索对反应时的单因素重复测量方差分析

数据来源	自由度	均方	F 值	显著性水平
线索类别	2	628784.694	3.098	0.045
误差（线索类别）	36	202967.939	—	—

附表 6.2　知名的国别品牌线索反应时两两配对 t 检验

数据类别		配对偏差				t 值	自由度	显著性水平（双侧检验）
		数值		95% 置信区间				
		均值标准差	平均数标准差	最小值	最大值			
配对1	中、美线索	30.993	637.244	13.308	4.897	57.089	2.329	2292	0.020
配对2	中、日线索	25.608	642.747	13.423	−0.714	51.929	1.908	2292	0.057
配对3	美、日线索	5.386	631.350	13.185	−20.470	31.241	0.408	2292	0.683

附表 6.3　不同性别对中国动漫形象代言不同国别不知名品牌的
两样本非参数检验

分析项目	数值类型	美	中	日
最大差异列表	最大绝对值	0.183	0.022	0.122
	正值	0	0	0
	负值	−0.183	−0.022	−0.122
K-S 检验		4.697	0.562	3.143
近似显著性水平（双侧检验）		0	0.911	0

附表 6.4　知名和不知名美国品牌线索反应时 t 检验

反应时	方差分析总汇	Levene 方差齐性检验		均值 t 检验					95% 置信区间	
		F 值	显著性水平	t 值	自由度	显著性水平（双侧检验）	平均差	标准误差值	最小值	最大值
stimu 反应时	方差齐性	50.503	0	−6.255	4816	0	−146.537	23.426	−192.463	−100.612
	方差不齐性	−	−	−6.189	4440.908	0	−146.537	23.676	−192.954	−100.121

附表 6.5　知名和不知名中国品牌线索反应时 t 检验

反应时	方差分析总汇	Levene 方差齐性检验		均值 t 检验					95% 置信区间	
		F 值	显著性水平	t 值	自由度	显著性水平（双侧检验）	平均差	标准误差值	最小值	最大值
stimu 反应时	方差齐性	20.262	0	−3.943	4834	0	−91.740	23.264	−137.347	−46.132
	方差不齐性	−	−	−3.914	4550.480	0	−91.740	23.441	−137.696	−45.784

附表6.6 知名和不知名日本品牌线索反应时 t 检验

反应时	方差分析总汇	Levene 方差齐性检验		均值 t 检验					95% 置信区间	
		F 值	显著性水平	t 值	自由度	显著性水平（双侧检验）	平均差	标准误差值	最小值	最大值
stimu 反应时	方差齐性	47.974	0	−5.173	4830	0	−116.894	22.595	−161.190	−72.598
	方差不齐性	—	—	−5.107	4382.185	0	−116.894	22.889	−161.768	−72.020

附表6.7 知名和不知名美国品牌线索接受/拒绝 Z 检验

检验类别	stimuRSP
Mann−Whitney U（曼－惠特尼秩检验）	2820158
Wilcoxon W（威尔科克森符号秩检验）	6191064
Z 值	−1.788
近似显著性水平（双侧检验）	0.074

附表6.8 知名和不知名中国品牌线索接受/拒绝 Z 检验

检验类别	stimuRSP
Mann−Whitney U（曼－惠特尼秩检验）	2852737.500
Wilcoxon W（威尔科克森符号秩检验）	5364898.500
Z 值	−1.425
近似显著性水平（双侧检验）	0.154

附表 6.9 知名和不知名日本品牌线索接受 / 拒绝 Z 检验

检验类别	stimuRSP
Mann-Whitney U（曼 - 惠特尼秩和检验）	2840368.000
Wilcoxon W（威尔科克森符号秩检验）	6226871.000
Z 值	−1.695
近似显著性水平（双侧检验）	0.090

附表 7.1 国别线索来源国形象均值 One-Way ANOVA 显著性分析

线索类别	自由度	均方	F 值	显著性水平
国别线索	2	572.391	156.502	0

附表 7.2 国别线索两两均值 post hoc 检验

国别（I）	国别（J）	均值差（I-J）	标准误差值	显著性水平	95% 置信区间	
					下限	上限
中	美	−2.159	0.134	0	−2.42	−1.90
中	日	−1.912	0.134	0	−2.17	−1.65
美	中	2.159	0.134	0	1.90	2.42
美	日	0.246	0.134	0.065	−0.02	0.51
日	中	1.912	0.134	0	1.65	2.17
日	美	−0.246	0.134	0.065	−0.51	0.02

附表 7.3　男性和女性对美、日、中来源国形象得分均值独立样本 t 检验

国别线索	方差分析汇总	Levene 方差齐性检验		均值 t 检验					95% 置信区间	
		F 值	显著性水平	t 值	自由度	显著性水平（双侧检验）	平均差	标准误差值	最小值	最大值
美	方差相等	0.781	0.382	−1.756	39	0.087	−0.3529	0.2009	−0.7593	0.0536
中	方差相等	1.197	0.281	−0.691	39	0.494	−0.1800	0.2606	−0.7071	0.3471
日	方差相等	1.336	0.255	−0.943	39	0.352	−0.2136	0.2266	−0.6719	0.2447

附表 7.4　美国、日本相对外显态度单样本 t 检验

国别相对外显态度	检验值 = 0					
	统计结果				95% 置信区间	
	t 值	自由度	显著性水平（双侧检验）	平均差	最小值	最大值
美国相对外显态度	14.019	40	0	2.15854	1.8473	2.4697
日本相对外显态度	12.240	40	0	1.91220	1.5965	2.2279

附表 7.5　国别线索动漫作品熟悉度均值配对 t 检验

国别线索	配对偏差					t 值	自由度	显著性水平（双侧检验）
	数值			95% 置信区间				
	均值	标准差	平均数标准差	最小值	最大值			
中 – 日	−0.732	0.555	0.086	−0.908	−0.557	−8.449	40	0
中 – 美	−0.483	0.552	0.086	−0.657	−0.308	−5.598	40	0
美 – 日	−0.249	0.443	0.069	−0.389	−0.109	−3.605	40	0.001

附表 7.6　性别对国别线索作品熟悉度的 *t* 检验

国别线索	方差汇总分析	Levene 方差齐性检验		均值 *t* 检验					95% 置信区间	
		F 值	显著性水平	*t* 值	自由度	显著性水平（双侧检验）	平均差	标准误差值	最小值	最大值
日本	方差齐性	0.549	0.463	−2.918	39	0.006	−0.442	0.152	−0.749	−0.136
美国	方差齐性	1.410	0.242	−1.301	39	0.201	−0.221	0.170	−0.565	0.123
中国	方差齐性	0.847	0.363	−0.723	39	0.474	−0.125	0.174	−0.478	0.226

附表 7.7　美－中、日－中作品相对熟悉度的配对样本 *t* 检验

国别线索	配对偏差					*t* 值	自由度	显著性水平（双侧检验）
	均值	标准差	平均数标准差	95% 置信区间				
				最小值	最大值			
美中－日中	0.249	0.443	0.069	0.109	0.389	3.605	40	0.001

附表 7.8　性别对美－中、日－中作品相对熟悉度的独立样本 *t* 检验

各国作品相对熟悉度	方差汇总分析	Levene 方差齐性检验		均值 *t* 检验					95% 置信区间	
		F 值	显著性水平	*t* 值	自由度	显著性水平（双侧检验）	平均差	标准误差值	最小值	最大值
美国作品相对熟悉度	方差齐性	0.329	0.569	−0.550	39	0.586	−0.096	0.174	−0.448	0.256
日本作品相对熟悉度	方差齐性	0.021	0.885	−1.884	39	0.067	−0.317	0.168	−0.657	0.023

附表 7.9　美国品牌相对外显态度和美国动漫作品相对熟悉度的相关性分析

数据处理方法	数据类别	统计结果	美国动漫作品相对熟悉度
Spearman's rho	美国品牌相对态度	相关系数	0.054
		显著性水平（双侧检验）	0.737
		N	41

附表 7.10　日本品牌相对外显态度和日本动漫作品相对熟悉度的相关性分析

数据处理方法	数据类别	统计结果	日本动漫作品相对熟悉度
Spearman's rho	日本品牌相对态度	相关系数	−0.060
		显著性水平（双侧检验）	0.710
		N	41

附表 7.11　中 – 美 IAT 任务 D1 均值单样本 t 检验

数据线索	检验值 = 0					
	t 值	自由度	显著性水平（双侧检验）	平均差	95% 置信区间	
					最小值	最大值
D1	13.297	40	0	0.722	0.612	0.832

附表 7.12　男性与女性 D1 值的独立样本 t 检验

数据线索	方差汇总分析	Levene 方差齐性检验		均值 t 检验				95% 置信区间	
		F 值	显著性水平	t 值	自由度	显著性水平（双侧检验）	平均差	标准误差值	最小值	最大值
D1	方差齐性	2.254	0.141	2.113	39	0.041	0.220	0.104	0.009	0.431

附表 7.13　中 – 日 IAT 任务 D2 均值单样本 t 检验

数据线索	检验值 =0					
	t 值	自由度	显著性水平（双侧检验）	平均差	95% 置信区间	
					最小值	最大值
D2	9.800	40	0	0.575	0.456	0.694

附表 7.14　美国品牌相对外显态度与 D1 值相关性检验

数据处理方法	国别线索	统计量	D1
Spearman's rho	美国品牌相对外显态度	相关系数	−0.221
		显著性水平（双侧检验）	0.166
		N	41

附表 7.15　日本品牌相对外显态度与 D2 值相关性检验

数据处理方法	国别线索	统计量	D2
Spearman's rho	日本品牌相对外显态度	相关系数	−0.079
		显著性水平（双侧检验）	0.625
		N	41

附表 7.16　美国动漫作品相对熟悉度和 D1 值相关性检验

数据处理方法	国别线索	统计量	D1
Spearman's rho	美国作品相对熟悉度	相关系数	0.022
		显著性水平（双侧检验）	0.889
		N	41

附表 7.17　日本动漫作品相对熟悉度和 D2 值相关性检验

数据处理方法	国别线索	统计量	D2
Spearman's rho	日本作品相对熟悉度	相关系数	0.310
		显著性水平（双侧检验）	0.048
		N	41

附表 7.18　男性对日本动漫作品相对熟悉度和 D2 值相关性检验

数据处理方法	国别线索	统计量	D2
Spearman's rho	日本作品相对熟悉度	相关系数	0.006
		显著性水平（双侧检验）	0.980
		N	20

附表 7.19　女性对日本动漫作品相对熟悉度和 D2 值相关性检验

数据处理方法	国别线索	统计量	D2
Spearman's rho	日本作品相对熟悉度	相关系数	0.562
		显著性水平（双侧检验）	0.008
		N	21

附表 8.1　F3、F4 电位动漫形象线索引发的 N270 值重复测量方差分析

数据来源	自由度	均方	F 值	显著性水平
线索类别	1	3.618	1.326	0.265
误差（线索类别）	18	2.729	—	—
被试类别	1	13.083	0.423	0.524
误差（被试类别）	18	30.947	—	—
线索类别 × 被试类别	1	0.925	0.339	0.568

附表 8.2　F3、F4 电位 明星线索引发的 N270 值重复测量方差分析

数据来源	自由度	均方	F 值	显著性水平
线索类别	1	6.066	3.179	0.091
误差（线索类别）	18	1.908	—	—
被试类别	1	11.704	0.561	0.464
误差（被试类别）	18	20.880	—	—
线索类别 × 被试类别	1	0.215	0.113	0.741

致　谢

　　这本书由我的博士论文而来。这篇博士论文是国内第一篇神经传播学论文。在浙江大学攻读博士期间，导师李杰教授带领我选择了神经传播学的方向，我攻坚克难，力图在传播研究中有所突破。10 年过去了，我终于领悟凡研究皆应"无所住而生其心"，也更加珍惜"无功利而生愉快"的研究乐趣。

　　我享受每一个研究的历程，期待每一个灵感闪过的瞬间，始终在"求智"的路上无畏前行。

　　感谢浙江大学出版社的周燚鑫女士和吴伟伟女士对本书出版提供的帮助；感谢编辑老师的耐心等待与仔细工作；同时，还要感谢我的学生张海航帮助我处理了大量烦琐的核对校验工作；远在韩国的王翔瑜在图形优化中的鼎力相助也帮我解决一大难题。

　　感谢我所在的浙江理工大学慷慨资助了本书的出版。

　　最后，我要把这书献给我的外婆胥琴贤女士，是她让我开始领悟生命的真相。

何　苗

2020 年 5 月于杭州

图书在版编目（CIP）数据

动漫形象品牌代言效果的实验研究/何苗著. —杭
州：浙江大学出版社，2020.12
ISBN 978-7-308-20989-2

Ⅰ. ①动… Ⅱ. ①何… Ⅲ. ①动画－造型设计－
应用－品牌－企业管理－研究 Ⅳ. ①F273.2

中国版本图书馆CIP数据核字（2020）第265864号

动漫形象品牌代言效果的实验研究

何　苗　著

责任编辑	陈　宇	
责任校对	李　琰	
装帧设计	周　灵	
出版发行	浙江大学出版社	
	（杭州市天目山路148号　　邮政编码　310007）	
	（网址：http://www.zjupress.com）	
排　　版	杭州林智广告有限公司	
印　　刷	广东虎彩云印刷有限公司绍兴分公司	
开　　本	710mm×1000mm　1/16	
印　　张	14.75	
字　　数	210千	
版 印 次	2020年12月第1版　2020年12月第1次印刷	
书　　号	ISBN 978-7-308-20989-2	
定　　价	68.00元	